CORAÇÃO INQUIETO

zaps a Lucílio, Tibúrcio e Eugênia

CB023539

Pe. CLEITON VIANA DA SILVA

CORAÇÃO INQUIETO

zaps a Lucílio, Tibúrcio e Eugênia

Paulinas

Dados Internacionais de Catalogação na Publicação (CIP)
(Câmara Brasileira do Livro, SP, Brasil)

Silva, Cleiton Viana da
    Coração inquieto : zaps a Lucílio, Tibúrcio e Eugênia / Cleiton Viana da Silva. – São Paulo : Paulinas, 2018. – (Juventude e fé)

ISBN 978-85-356-4453-1

1. Juventude - Aspectos morais e éticos 2. Juventude - Aspectos sociais 3. Juventude - Conduta de vida 4. Juventude - Vida religiosa I. Título. II. Série.

18-19431   CDD-248.83

Índice para catálogo sistemático:
1. Juventude : Orientações : Vida cristã   248.83

Cibele Maria Dias - Bibliotecária - CRB-8/9427

1ª edição – 2018
1ª reimpressão – 2023

Direção-geral: *Flávia Reginatto*
Editora responsável: *Andréia Schweitzer*
Copidesque: *Simone Rezende*
Coordenação de revisão: *Marina Mendonça*
Revisão: *Ana Cecilia Mari*
Gerente de produção: *Felício Calegaro Neto*
Diagramação: *Jéssica Diniz Souza*
Imagem de capa: *Fotolia – ©akhenatonimages*

Nenhuma parte desta obra poderá ser reproduzida ou transmitida por qualquer forma e/ou quaisquer meios (eletrônico ou mecânico, incluindo fotocópia e gravação) ou arquivada em qualquer sistema ou banco de dados sem permissão escrita da Editora. Direitos reservados.

Cadastre-se e receba nossas informações
www.paulinas.com.br
Telemarketing e SAC: 0800-7010081

Paulinas
Rua Dona Inácia Uchoa, 62
04110-020 – São Paulo – SP (Brasil)
📞 (11) 2125-3500
✉ editora@paulinas.com.br
© Pia Sociedade Filhas de São Paulo – São Paulo, 2018

Dedico a todos os jovens na sua luta
por encontrar-se no mundo.
Desejo-lhes verdadeiras amizades,
boas companhias e que descubram
o valor do Evangelho e da fé nesta aventura.

Todos os capítulos tentam seguir um formato *mensagens de WhatsApp*, por isso, a norma culta de pontuação e mesmo algumas de ortografia foram relativizadas... Coisas dos *zaps* da vida...

Apresentação

ostei muito da leitura do livro, com certeza um excelente material para as juventudes que acompanhamos em nossas paróquias. Certamente, são também as inquietações de muitos jovens espalhados por aí. Bem esclarecedor e o mais importante: "sem pudor", no bom sentido. É este tipo de material que precisa chegar às mãos dos nossos jovens. Apresentar-lhes um caminho que seja acessível a suas realidades humanas e, sobretudo, que o nosso processo de evangelização não seja utópico demais e distante das juventudes em questão.

Ter um olhar preferencial para a juventude é fazer parte dela com sua cultura, dinamismo, tendências etc. Porém, temos que oferecer a esses jovens condições favoráveis para que eles mesmos se tornem capazes de se fazer agentes de transformação de sua própria realidade, seja ela pessoal, eclesial ou social.

A idade juvenil fascina pelo paradoxo de sua constituição: da vulnerabilidade e da potencialidade. Na fragilidade da idade, que deixa para trás a serenidade e a segurança da infância, sem ainda ter atingido a solidez da idade adulta, existe estupenda potencialidade. Precisamente porque ainda não arriscou na maturidade e dispõe do infinito do céu para voar. É esse itinerário pedagógico-cristão que Pe. Cleiton Viana da Silva se propõe a percorrer para responder as inquietações pertinentes do universo juvenil.

Que a leitura das páginas a seguir possa oferecer um caminho de reflexão, como convida o próprio texto, a ponto de ajudá-lo(a) a identificar as oportunidades que tem na vida e a fazer escolhas saudáveis. Isso significa pensar que não há crescimento na fé sem trajetória e caminho. Ninguém nasce pronto, muito pelo contrário, a formação é algo que precisa fazer-se diariamente, num desafio que cabe a cada pessoa ir superando.

Pe. Reginaldo Martins da Silva
Assessor da Pastoral Juvenil.
Regional SUL 1 da CNBB

Juventude, um mundo à parte

A juventude é outro mundo. Muita gente vive nele, alguns de nós dele já saímos... É um mundo misterioso, cheio de sonhos e sofrimentos, ambos intensos e com ares de perpétuos.

Talvez não exista uma fórmula mágica de como *viver a juventude* ou como *ajudar os jovens a se encontrar*, mas o Evangelho e a fé são as principais ferramentas que temos. No Evangelho podemos encontrar inspiração, critérios para as nossas escolhas. Na fé encontramos uma âncora, um ponto de apoio.

Ao longo de minha atuação no ministério sacerdotal, os jovens sempre estiveram presentes como desafio pastoral e como colaboradores na missão.

Os recursos da tecnologia e da informação, especialmente as redes sociais, permitem que o diálogo seja constante, aberto e sincero. Quantos jovens eu pude conhecer, sem nunca os ter visto ao vivo! Amizades virtuais, mas com partilhas muito reais: problemas familiares, dificuldades de se encontrar no mundo, angústia sobre o sentido da vida.

Neste texto, reúno alguns problemas que já tive a alegria de compartilhar com muitos jovens.

O coração inquieto (Santo Agostinho) é uma bela metáfora para todos que estão buscando o sentido da sua existência. Santo Agostinho nos mostrou que somente no Senhor nosso coração poderá repousar.

O filósofo estoico Sêneca escreveu as célebres epístolas a seu amigo Lucíolo, um dos personagens deste livro, composto não por cartas, mas *zaps* – uma forma *popular* de se referir às mensagens por celular.

Coração inquieto – zaps a Lucílio, Tibúrcio e Eugênia pretende ser um texto simples e direto para tantas questões que deixam inquietos os corações de jovens e também de adultos.

Desejo a todos uma boa leitura.

Pe. Cleiton Viana da Silva

#pecadograve

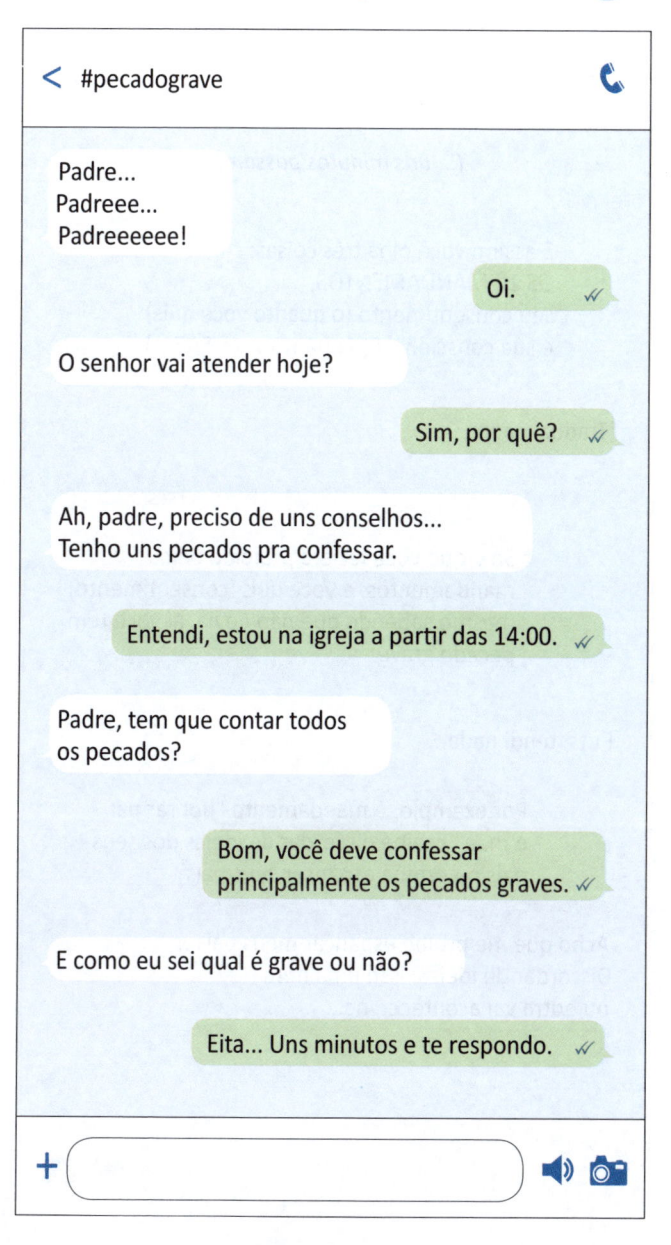

#pecadograve

Padre...
Padreee...
Padreeeeee!

Oi.

O senhor vai atender hoje?

Sim, por quê?

Ah, padre, preciso de uns conselhos...
Tenho uns pecados pra confessar.

Entendi, estou na igreja a partir das 14:00.

Padre, tem que contar todos
os pecados?

Bom, você deve confessar
principalmente os pecados graves.

E como eu sei qual é grave ou não?

Eita... Uns minutos e te respondo.

(... uns minutos passam)

> É assim: você olha três coisas:
> OS 10 MANDAMENTOS,
> seu consentimento (o quanto você quis)
> e sua consciência (o quanto você SABIA).[1]

Traduz, padre.

> rsrsrs

> Se o que você fez era proibido pelos
> mandamentos, e você quis (consentimento)
> mesmo sabendo que não devia, aí você tem
> pecado grave.

Puts, tendi nada...

> Por exemplo, o mandamento "honrar pai
> e mãe" proíbe discordar de ideias dos seus
> pais ou proíbe espancar seus pais?

Acho que me proíbe espancar meus pais...
Discordar de ideias, isso uma hora
ou outra vai acontecer, né...

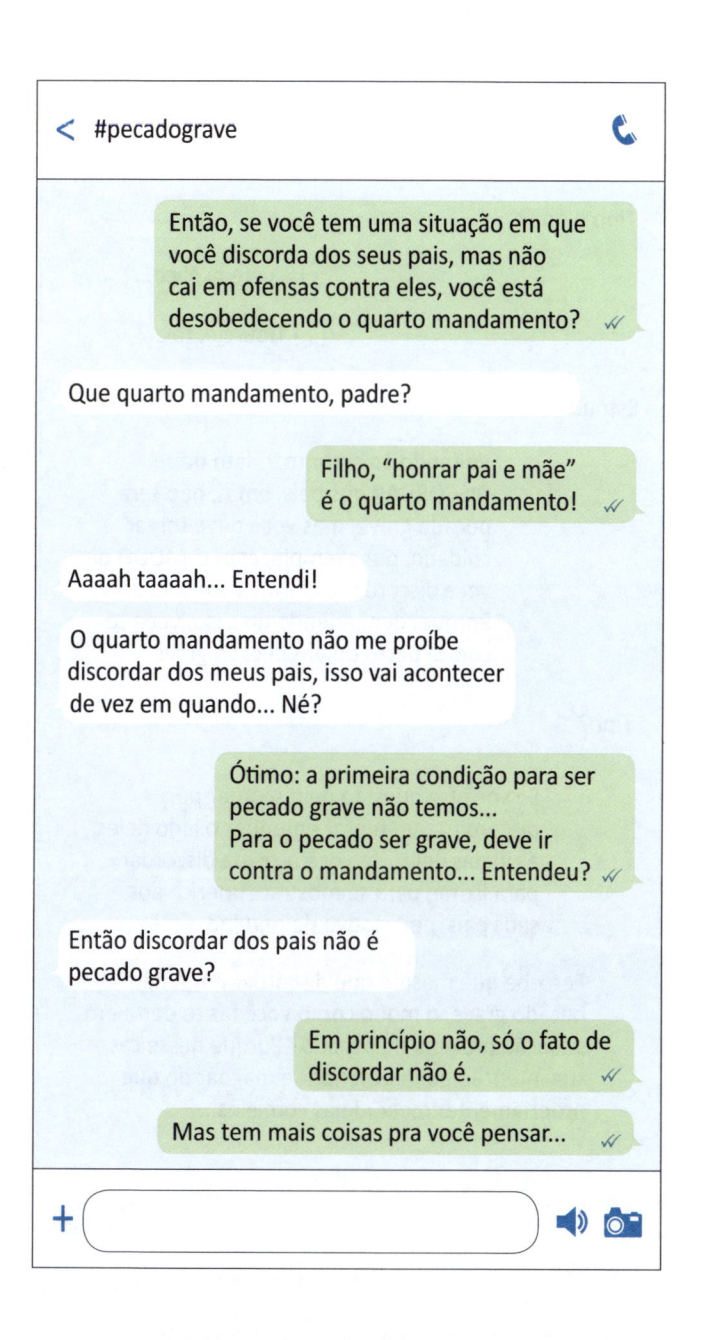

#pecadograve

> Então, se você tem uma situação em que você discorda dos seus pais, mas não cai em ofensas contra eles, você está desobedecendo o quarto mandamento?

Que quarto mandamento, padre?

> Filho, "honrar pai e mãe" é o quarto mandamento!

Aaaah taaaah... Entendi!

O quarto mandamento não me proíbe discordar dos meus pais, isso vai acontecer de vez em quando... Né?

> Ótimo: a primeira condição para ser pecado grave não temos...
> Para o pecado ser grave, deve ir contra o mandamento... Entendeu?

Então discordar dos pais não é pecado grave?

> Em princípio não, só o fato de discordar não é.

> Mas tem mais coisas pra você pensar...

Tipo o quê?

Já, já te explico...

(...) Tibúrcio, tá aí?

Estou.

Voltando ao assunto, o fato de DISCORDAR dos pais, em si, não será pecado grave, mas você deve tomar cuidado, por exemplo, com O MODO de você discordar e COMO você conversa... Porque, dependendo do caso, você se coloca perto de um pecado grave.

Tipo?

Se você faz questão de discordar por discordar, sem tentar entender o lado deles, as ideias deles, se você procura discordar para irritar, para se mostrar superior aos seus pais, por motivo de orgulho...

Percebe que mesmo que discordar em si não seja pecado grave, o modo como você faz te deixa em situação próxima de pecado? Porque nesse caso sua intenção é mais ofender e magoar do que propriamente trocar ideias com eles...

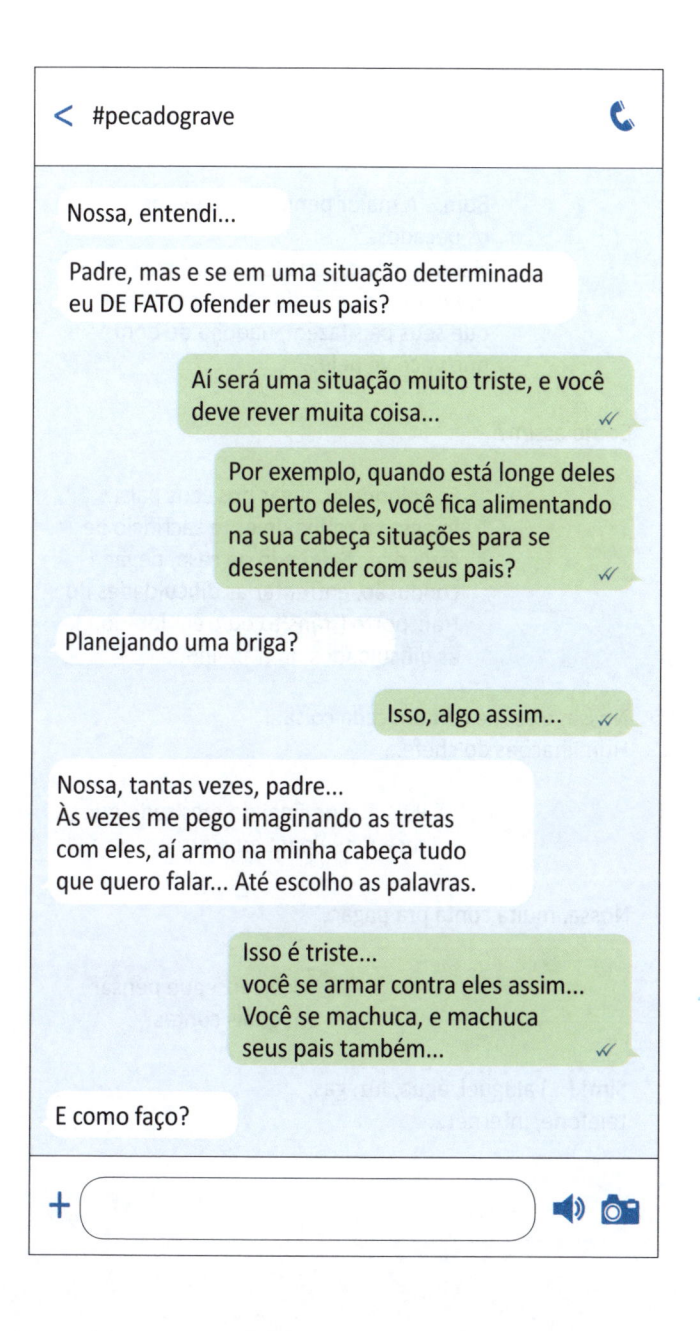

#pecadograve

Nossa, entendi...

Padre, mas e se em uma situação determinada eu DE FATO ofender meus pais?

Aí será uma situação muito triste, e você deve rever muita coisa...

Por exemplo, quando está longe deles ou perto deles, você fica alimentando na sua cabeça situações para se desentender com seus pais?

Planejando uma briga?

Isso, algo assim...

Nossa, tantas vezes, padre...
Às vezes me pego imaginando as tretas com eles, aí armo na minha cabeça tudo que quero falar... Até escolho as palavras.

Isso é triste...
você se armar contra eles assim...
Você se machuca, e machuca seus pais também...

E como faço?

> Bom... A maior penitência é evitar os pecados...[2]
> Nesse sentido, seria legal você passar momentos pensando nas coisas boas que seus pais fazem, naquilo de bom que você vê neles.

Como assim?

> Se coloque no lugar dos seus pais... Imagine a rotina deles, o sacrifício de cada dia... Sair cedo de casa, pegar condução, enfrentar as dificuldades do transporte (trânsito ou trem lotado...), as dificuldades no trabalho...

Nossa, eles me contam cada coisa... Humilhações do chefe...

> Pois é, e no final do mês tudo que recebem é para quê?

Nossa, muita conta pra pagar...

> Você consegue pensar em quais contas?

Sim! (...) aluguel, água, luz, gás, telefone, internet...

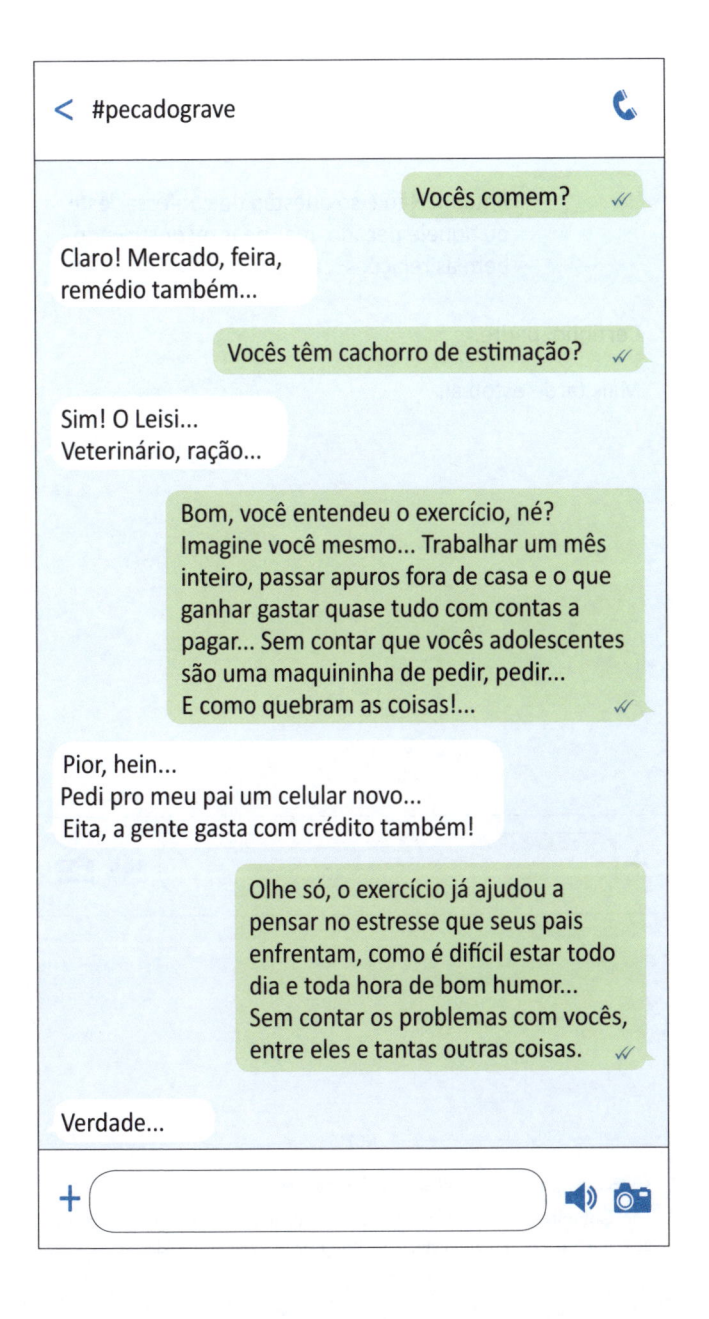

#pecadograve

> Vocês comem?

Claro! Mercado, feira, remédio também...

> Vocês têm cachorro de estimação?

Sim! O Leisi...
Veterinário, ração...

> Bom, você entendeu o exercício, né? Imagine você mesmo... Trabalhar um mês inteiro, passar apuros fora de casa e o que ganhar gastar quase tudo com contas a pagar... Sem contar que vocês adolescentes são uma maquininha de pedir, pedir... E como quebram as coisas!...

Pior, hein...
Pedi pro meu pai um celular novo...
Eita, a gente gasta com crédito também!

> Olhe só, o exercício já ajudou a pensar no estresse que seus pais enfrentam, como é difícil estar todo dia e toda hora de bom humor... Sem contar os problemas com vocês, entre eles e tantas outras coisas.

Verdade...

───────────────── NOTAS ─────────────────

[1] Catecismo da Igreja Católica (CIC) 1856-1861.

[2] São Columbano, na verdade, afirma: "a verdadeira penitência é não cometer atos que merecem penitência, mas chorar pelas faltas cometidas".

Que os pensamentos não escapem!

Que tal anotar algumas ideias deste capítulo para poder lembrar depois e compartilhar com os amigos?

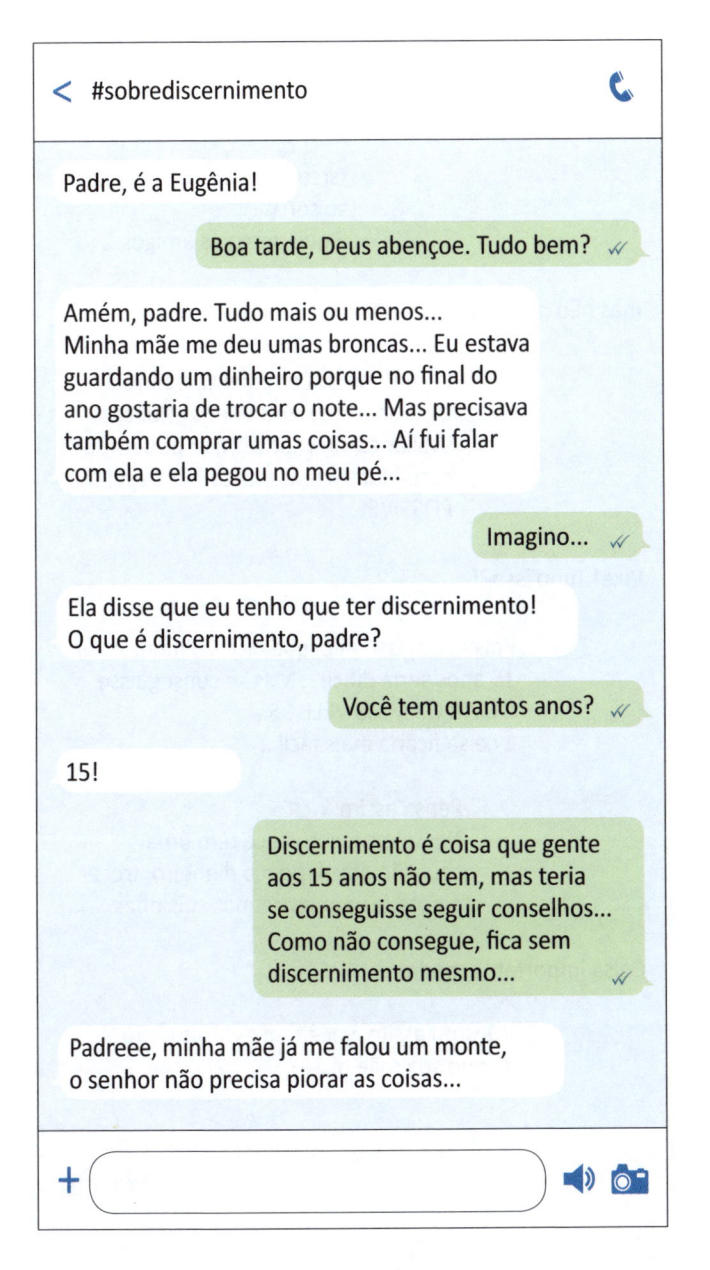

< #sobrediscernimento

Padre, é a Eugênia!

Boa tarde, Deus abençoe. Tudo bem?

Amém, padre. Tudo mais ou menos...
Minha mãe me deu umas broncas... Eu estava
guardando um dinheiro porque no final do
ano gostaria de trocar o note... Mas precisava
também comprar umas coisas... Aí fui falar
com ela e ela pegou no meu pé...

Imagino...

Ela disse que eu tenho que ter discernimento!
O que é discernimento, padre?

Você tem quantos anos?

15!

Discernimento é coisa que gente
aos 15 anos não tem, mas teria
se conseguisse seguir conselhos...
Como não consegue, fica sem
discernimento mesmo...

Padreee, minha mãe já me falou um monte,
o senhor não precisa piorar as coisas...

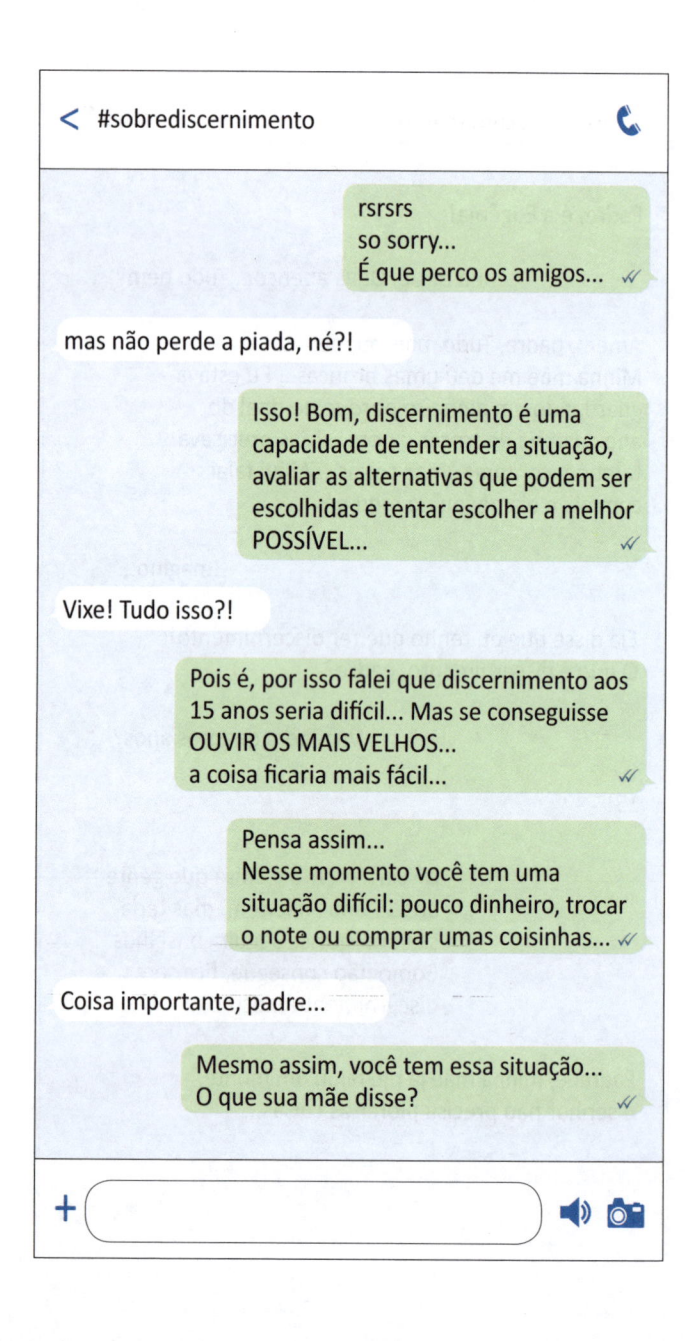

#sobrediscernimento

rsrsrs
so sorry...
É que perco os amigos...

mas não perde a piada, né?!

Isso! Bom, discernimento é uma capacidade de entender a situação, avaliar as alternativas que podem ser escolhidas e tentar escolher a melhor POSSÍVEL...

Vixe! Tudo isso?!

Pois é, por isso falei que discernimento aos 15 anos seria difícil... Mas se conseguisse OUVIR OS MAIS VELHOS...
a coisa ficaria mais fácil...

Pensa assim...
Nesse momento você tem uma situação difícil: pouco dinheiro, trocar o note ou comprar umas coisinhas...

Coisa importante, padre...

Mesmo assim, você tem essa situação...
O que sua mãe disse?

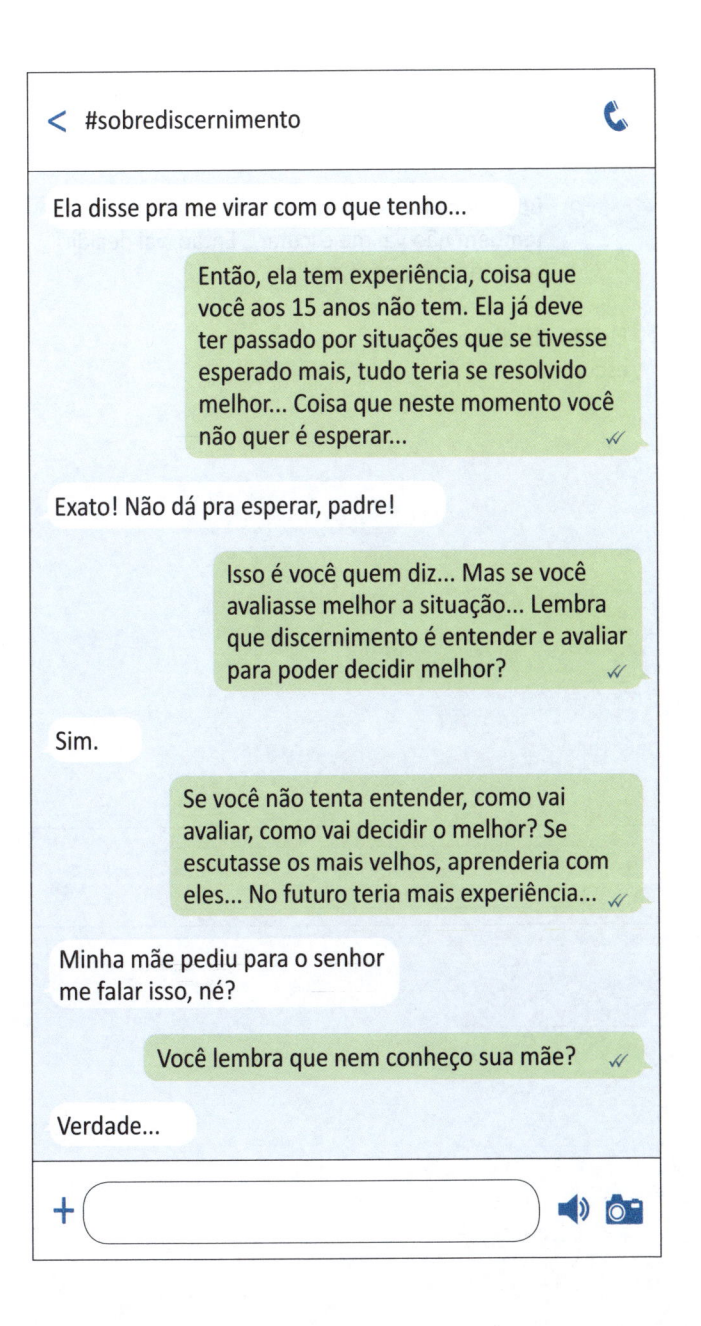

< #sobrediscernimento 📞

Ela disse pra me virar com o que tenho...

> Então, ela tem experiência, coisa que você aos 15 anos não tem. Ela já deve ter passado por situações que se tivesse esperado mais, tudo teria se resolvido melhor... Coisa que neste momento você não quer é esperar...

Exato! Não dá pra esperar, padre!

> Isso é você quem diz... Mas se você avaliasse melhor a situação... Lembra que discernimento é entender e avaliar para poder decidir melhor?

Sim.

> Se você não tenta entender, como vai avaliar, como vai decidir o melhor? Se escutasse os mais velhos, aprenderia com eles... No futuro teria mais experiência...

Minha mãe pediu para o senhor me falar isso, né?

> Você lembra que nem conheço sua mãe?

Verdade...

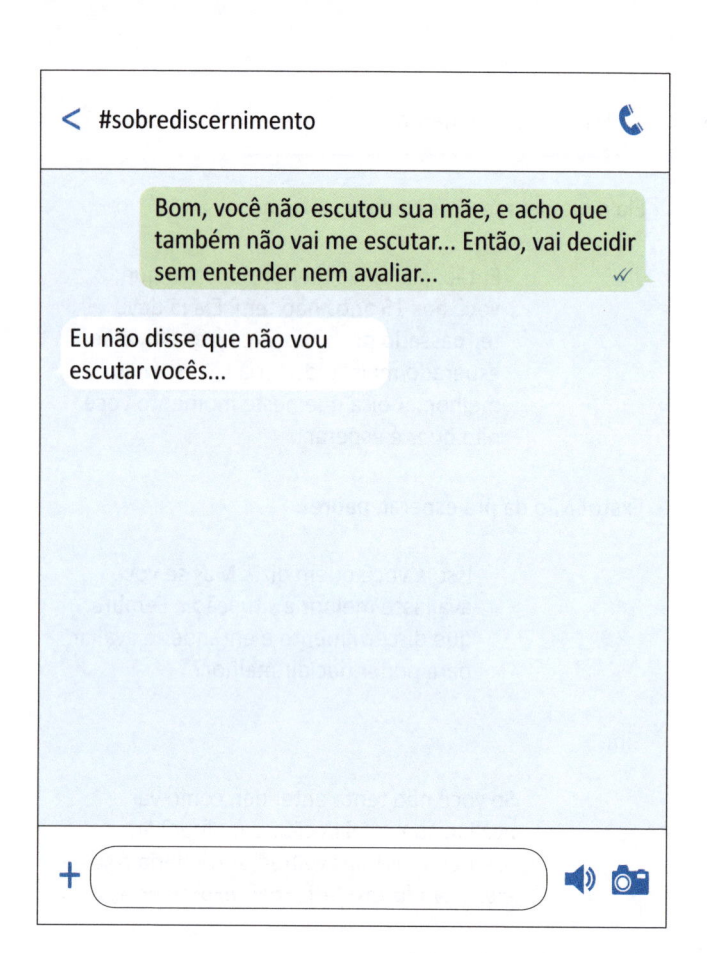

Que os pensamentos não escapem!

Que tal anotar algumas ideias deste capítulo para poder lembrar depois e compartilhar com os amigos?

_____

_____

_____

_____

_____

_____

_____

_____

_____

_____

_____

_____

_____

_____

_____

_____

_____

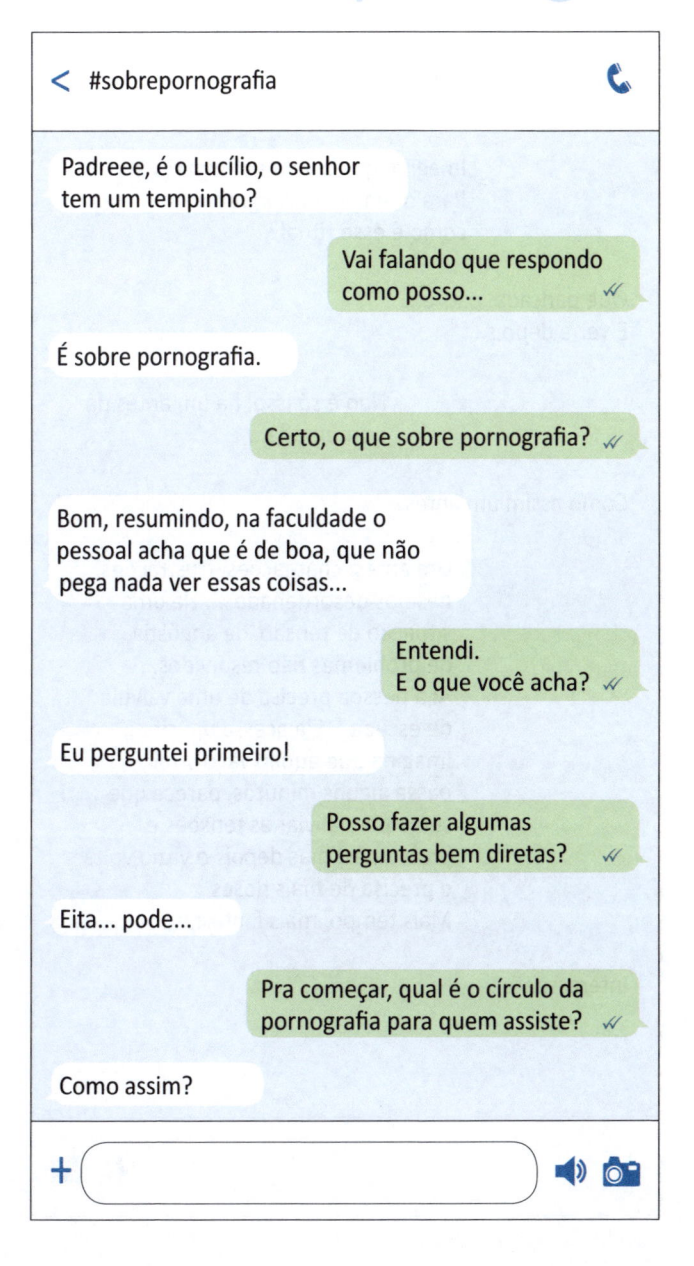

< #sobrepornografia 📞

Padreee, é o Lucílio, o senhor tem um tempinho?

Vai falando que respondo como posso...

É sobre pornografia.

Certo, o que sobre pornografia?

Bom, resumindo, na faculdade o pessoal acha que é de boa, que não pega nada ver essas coisas...

Entendi. E o que você acha?

Eu perguntei primeiro!

Posso fazer algumas perguntas bem diretas?

Eita... pode...

Pra começar, qual é o círculo da pornografia para quem assiste?

Como assim?

> Imagine que a vida seja um ritual.
> Para quem vê pornografia,
> como é esse ritual?

Que pancada, padre...
É ver e depois...

> Não é só isso: há um antes da
> pornografia...

Como assim um antes?

> Um antes: chateações, frustrações,
> desejos desordenados... Há uma
> situação de tensão, de angústia,
> de problemas não resolvidos...
> Aí a pessoa precisa de uma válvula
> de escape... Ela acessa um site...
> Imagina que aquilo vai distrair,
> passa alguns minutos, parece que
> serve para aliviar as tensões e
> problemas, mas depois o vazio volta
> e precisa de mais doses...
> Mais tempo, mais fantasias...

Interessante...

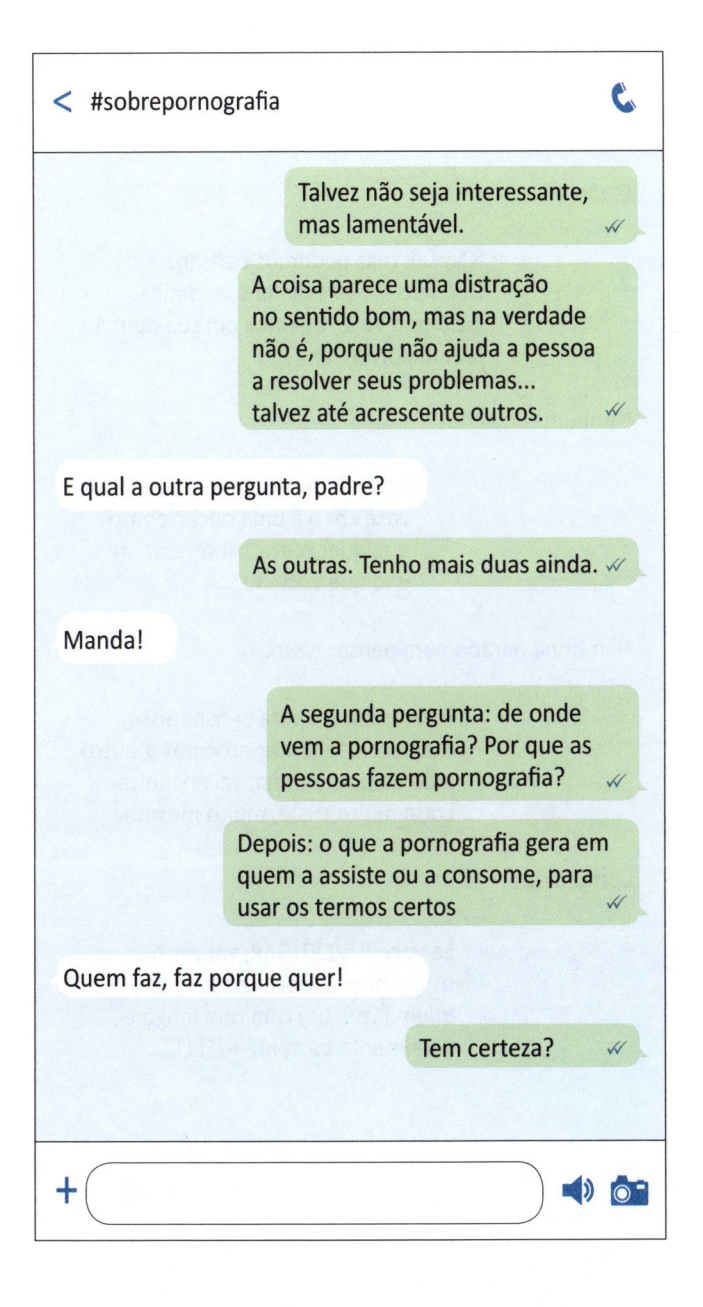

#sobrepornografia

Talvez não seja interessante, mas lamentável.

A coisa parece uma distração no sentido bom, mas na verdade não é, porque não ajuda a pessoa a resolver seus problemas... talvez até acrescente outros.

E qual a outra pergunta, padre?

As outras. Tenho mais duas ainda.

Manda!

A segunda pergunta: de onde vem a pornografia? Por que as pessoas fazem pornografia?

Depois: o que a pornografia gera em quem a assiste ou a consome, para usar os termos certos

Quem faz, faz porque quer!

Tem certeza?

E não é?

> Não sei, mas podemos pensar...
> Dos seus amigos ou da sua família,
> incluindo você, quantos em sua opinião
> fariam pornografia?

Nenhum! Eu acho!

> Então fazer pornografia para
> vocês não é uma opção como
> qualquer outra... Interessante
> isso que você diz...

Não tinha parado para pensar nisso.

> Poucos param para pensar nisso,
> mas, se você tentar procurar o outro
> lado da pornografia, vai encontrar
> coisa muito triste, muito mesmo.

Como o quê?

> Se você INVESTIGAR, vai ver que
> o caminho da pornografia, para
> quem faz, é um caminho longo e
> geralmente bastante INFELIZ...

> Geralmente começa com dificuldades familiares, jovens sem perspectivas de futuro, sem poder contar com o apoio de seus pais ou família... Ou porque não têm recursos (financeiros ou qualquer outro tipo), ou porque não se encaixam na própria família.

Certo.

> O passo seguinte é ter que "se virar", como dizemos no popular... Se virar vai significar tudo: conseguir o primeiro emprego que der independência, poder sair da casa dos pais, se virar mesmo! Muitas vezes, o jovem ou a jovem aceita situações de assédio sexual, começa a vida sexual para ganhar favores...

> Quando vê, não está diferente de uma situação de prostituição... E alguns chegam a se prostituir... Porque se já têm relações sexuais de graça, ganhando então...

Não tinha pensado nisso tudo...

Mas não terminei... Quanto um ator ou atriz ganha? Você deve pensar que no começo talvez não ganhe muito; depois, se consegue certa fama, ganha um pouco mais, mas com o tempo vai aparecer outra pessoa mais jovem, mais novidade...

Aí, pra não perder as oportunidades, aceita papéis que antes não aceitaria, em condições que antes não aceitaria... A mesma lei do mercado: quanto mais ofertas, mais baixo deve ser o preço.

Por isso se fala da indústria da pornografia?

Perfeito! E a matéria-prima vira produto, que depois é consumido, depois descartado como... Lixo!

Com todo mundo é assim?

Certamente não, mas com boa parte...

E a outra pergunta...

#sobrepornografia

**Isso: quem assiste, quem consome pornografia...
Como vai ficando a pessoa?[1]**

Meus amigos disseram que não pega nada...
É coisa privada, particular...

**Quando toda hora você vê propaganda de perfumes, roupas, carros, comida...
Acontece algo com você?**

A gente fica doido pra comprar...
Só pensa nos produtos que
a gente não tem...

Puts!

O quê?

Eu entendi o que o senhor quer dizer.

Mas eu ainda nem disse...

Mas já sei: é como a propaganda...
vai fazendo a gente ver diferente as coisas,
vai fazendo a gente ter vontade,
só pensar nessas coisas...

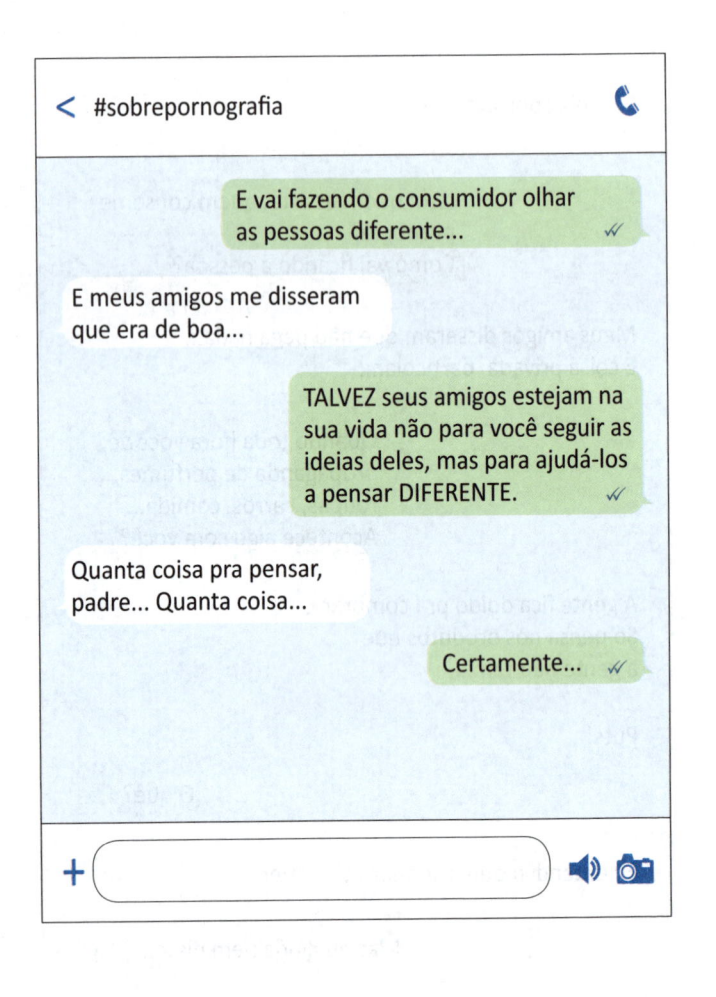

#sobrepornografia

> E vai fazendo o consumidor olhar as pessoas diferente...

E meus amigos me disseram que era de boa...

> TALVEZ seus amigos estejam na sua vida não para você seguir as ideias deles, mas para ajudá-los a pensar DIFERENTE.

Quanta coisa pra pensar, padre... Quanta coisa...

> Certamente...

NOTAS

[1] CIC 2354.

Que os pensamentos não escapem!

Que tal anotar algumas ideias deste capítulo para poder lembrar depois e compartilhar com os amigos?

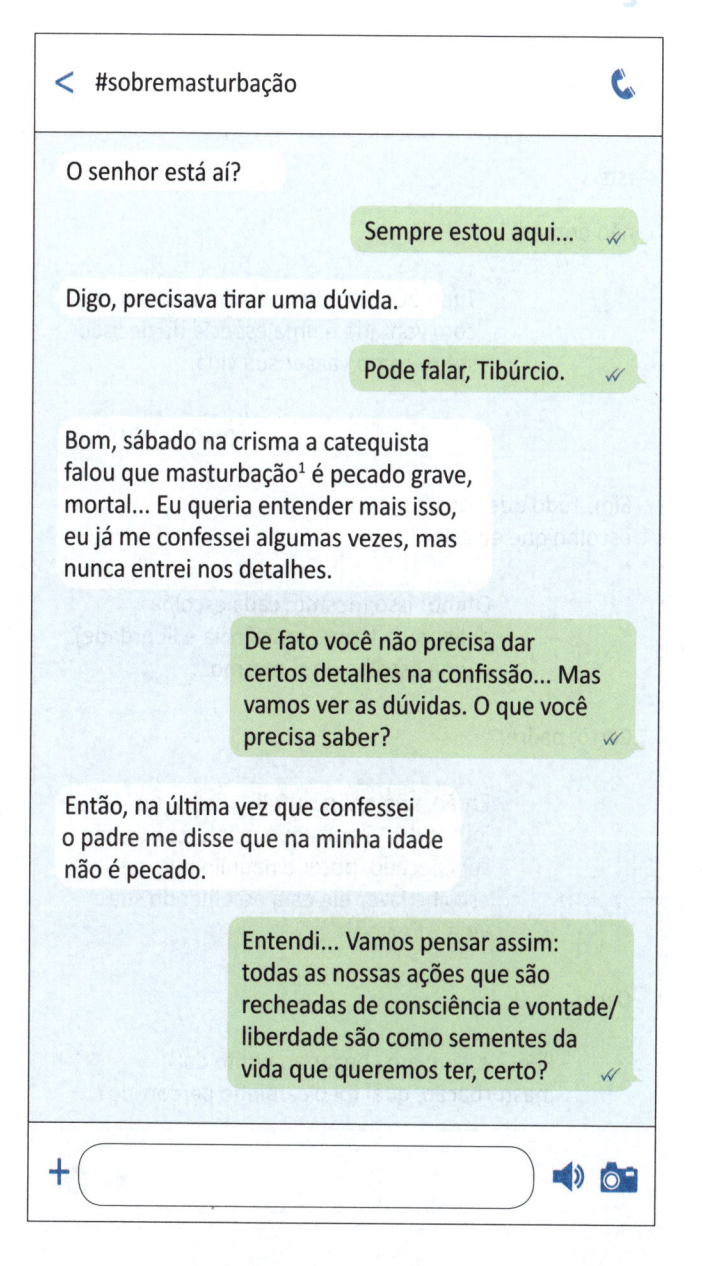

#sobremasturbação

O senhor está aí?

Sempre estou aqui...

Digo, precisava tirar uma dúvida.

Pode falar, Tibúrcio.

Bom, sábado na crisma a catequista falou que masturbação[1] é pecado grave, mortal... Eu queria entender mais isso, eu já me confessei algumas vezes, mas nunca entrei nos detalhes.

De fato você não precisa dar certos detalhes na confissão... Mas vamos ver as dúvidas. O que você precisa saber?

Então, na última vez que confessei o padre me disse que na minha idade não é pecado.

Entendi... Vamos pensar assim: todas as nossas ações que são recheadas de consciência e vontade/liberdade são como sementes da vida que queremos ter, certo?

rsrsrs

não entendi

Tudo que você faz conscientemente e com vontade é uma espécie de decisão sobre como vai ser sua vida.

Entende isso?

Sim. Tudo que escolho fazer, escolho que eu serei?

Ótimo! Isso mesmo: cada escolha deliberada (com consciência e liberdade) é uma escolha de si mesmo...

Certo, padre.

Então, não é tão simples dizer a um jovem de 16 anos que masturbar-se não seja pecado, porque naquilo que ele escolhe fazer ele está escolhendo sua vida... Certo?

Certo...

Pensa assim: até chegar ao ponto da masturbação, qual foi o caminho percorrido?

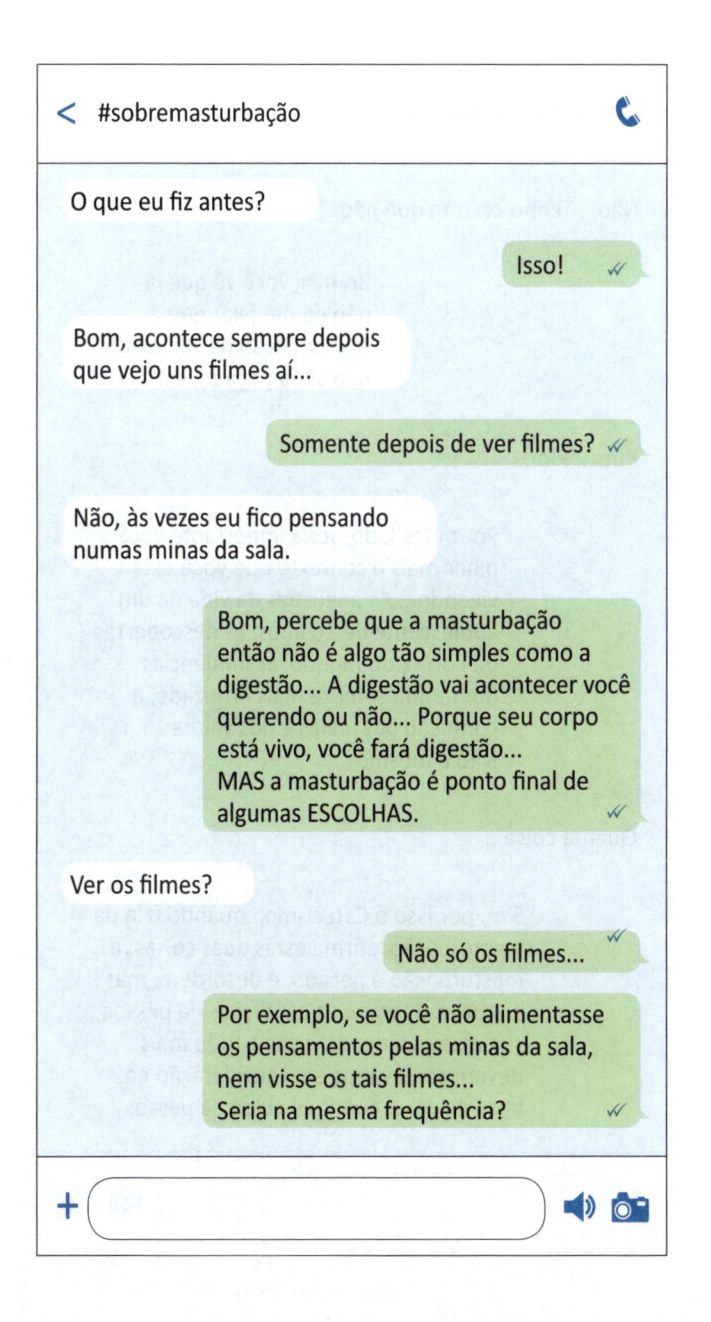

#sobremasturbação

O que eu fiz antes?

Isso!

Bom, acontece sempre depois que vejo uns filmes aí...

Somente depois de ver filmes?

Não, às vezes eu fico pensando numas minas da sala.

Bom, percebe que a masturbação então não é algo tão simples como a digestão... A digestão vai acontecer você querendo ou não... Porque seu corpo está vivo, você fará digestão...
MAS a masturbação é ponto final de algumas ESCOLHAS.

Ver os filmes?

Não só os filmes...

Por exemplo, se você não alimentasse os pensamentos pelas minas da sala, nem visse os tais filmes...
Seria na mesma frequência?

Não... Tenho certeza que não.

> Bom, aí você vê que já não dá pra falar que a masturbação na sua idade não seria pecado, certo?

Puts... Pior...

> Por outro lado, seria importante você olhar mais o contexto que você está vivendo... As angústias da vida de um adolescente de 16 anos, as descobertas do corpo, do mundo, as influências do mundo sempre mais erotizado, a confusão das ideias e dos valores... Não é mesmo?

Quanta coisa...

> Sim, por isso o Catecismo,[2] quando fala da masturbação, afirma estas duas coisas: a masturbação é pecado, é desordem, mas ao mesmo tempo as condições da pessoa, sua maturidade, os vícios e tudo mais devem ser levados em consideração na hora de ver o quanto é culpa da pessoa.

Entendi.

Agora, é bom você pensar nestas escolhas antes da masturbação: melhorar a qualidade dos pensamentos, se é justo ficar alimentando essas fantasias que vão tirando sua força para resistir às tentações...

E os filmes também, né!?

Sim... Pensar sobre a pornografia e todos os problemas que ela significa.

Assim eu diminuiria a frequência e não seria pecado.

Diminuir a frequência não significa que deixaria de ser pecado, mas estaria indicando que você está aprendendo a fazer melhores escolhas, que está tendo mais controle sobre você mesmo...

Mas é difícil isso.

Sim, por isso, é importante ter uma espiritualidade que sustente essa luta.

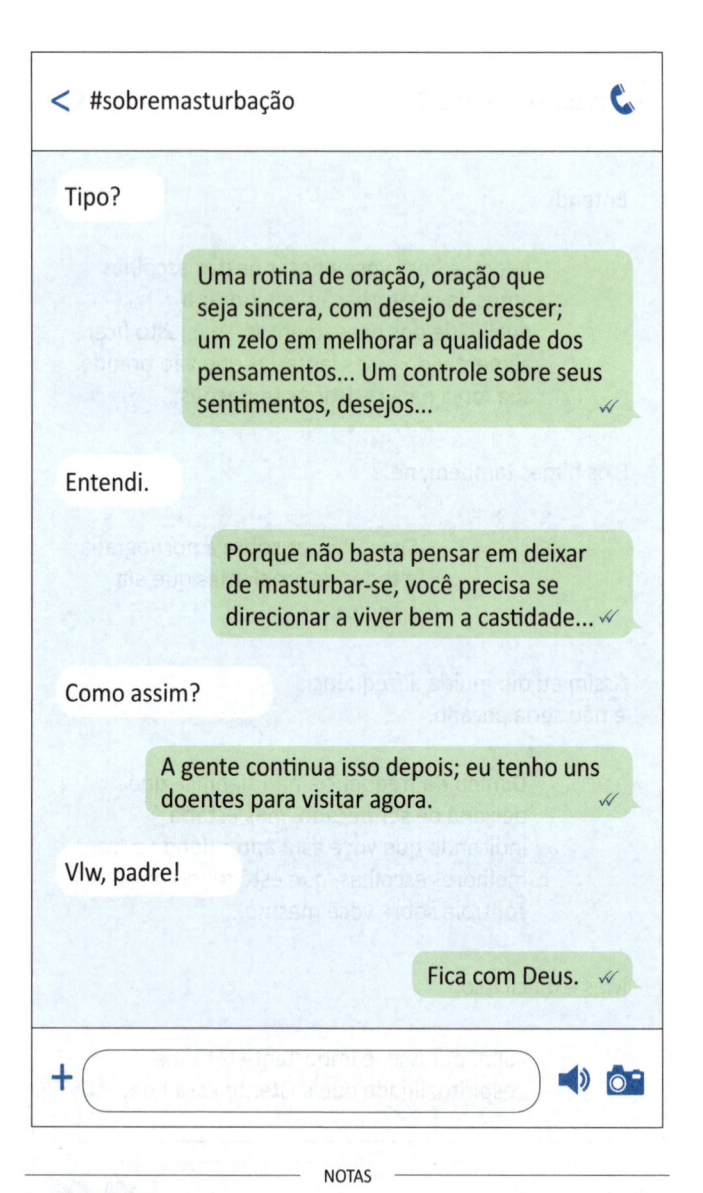

< #sobremasturbação

Tipo?

> Uma rotina de oração, oração que seja sincera, com desejo de crescer; um zelo em melhorar a qualidade dos pensamentos... Um controle sobre seus sentimentos, desejos...

Entendi.

> Porque não basta pensar em deixar de masturbar-se, você precisa se direcionar a viver bem a castidade...

Como assim?

> A gente continua isso depois; eu tenho uns doentes para visitar agora.

Vlw, padre!

> Fica com Deus.

NOTAS

1 CIC n. 2352.

2 CIC, n. 2352.

Que os pensamentos não escapem!

Que tal anotar algumas ideias deste capítulo para poder lembrar depois e compartilhar com os amigos?

_____

_____

_____

_____

_____

_____

_____

_____

_____

_____

_____

_____

_____

_____

_____

_____

_____

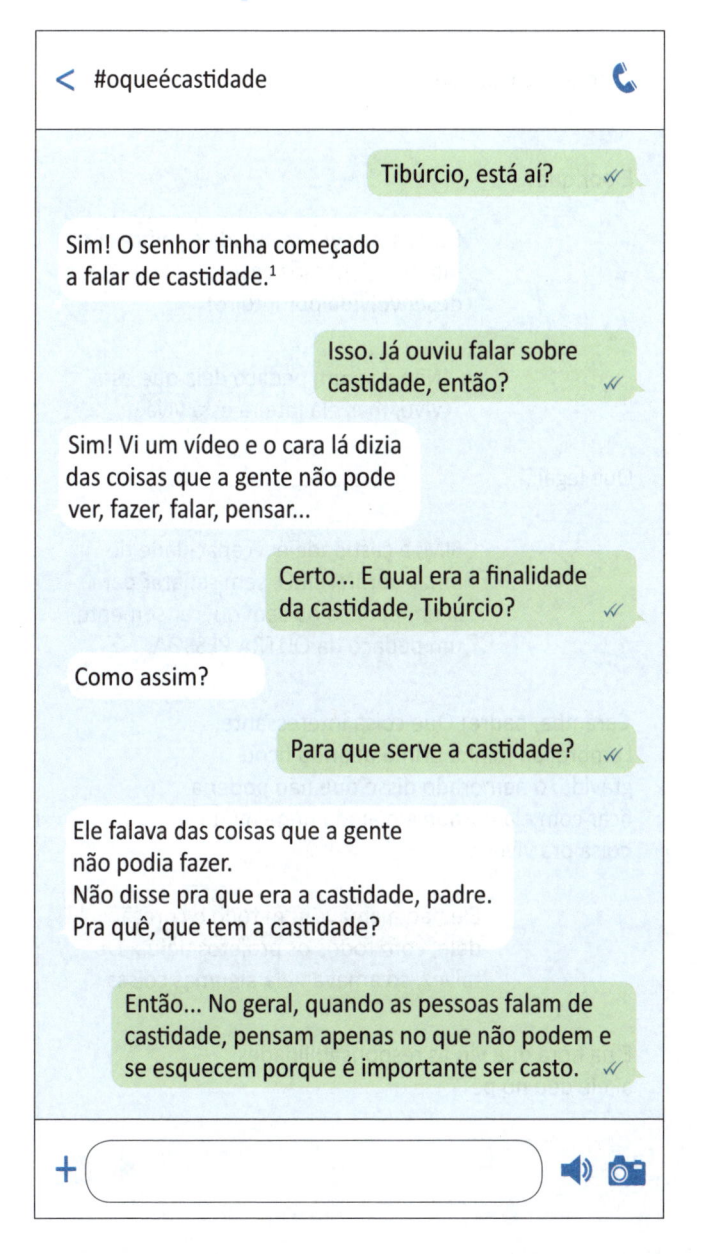

< #oqueécastidade 📞

Tibúrcio, está aí? ✓✓

Sim! O senhor tinha começado a falar de castidade.[1]

Isso. Já ouviu falar sobre castidade, então? ✓✓

Sim! Vi um vídeo e o cara lá dizia das coisas que a gente não pode ver, fazer, falar, pensar...

Certo... E qual era a finalidade da castidade, Tibúrcio? ✓✓

Como assim?

Para que serve a castidade? ✓✓

Ele falava das coisas que a gente não podia fazer.
Não disse pra que era a castidade, padre.
Pra quê, que tem a castidade?

Então... No geral, quando as pessoas falam de castidade, pensam apenas no que não podem e se esquecem porque é importante ser casto. ✓✓

+ [_____] 🔊 📷

E por quê?

Bom, a palavra castidade significa ser inteiro... A pessoa casta é uma pessoa desenvolvida por inteiro!

Não é só um pedaço dela que está vivo, mas ela inteira está viva...

Que legal...

SIM, a castidade é a capacidade de amar por INTEIRO, sem separar para si um pedaço ou sem querer somente um pedaço da OUTRA PESSOA.

Caramba, padre! Que coisa interessante... Lembrei da minha prima quando ficou grávida, o namorado disse que não poderia ficar com ela porque ele ainda tinha muita coisa pra viver...

Ele não a amava com todo o coração dele, com todos os projetos dele... Ou talvez, só amava nela algumas coisas.

E na hora que viu as responsabilidades, aí ele deu no pé!

Que bandido...

Bom, talvez não seja bom chamá-lo de bandido... Mas de não inteiro...

O senhor dizia que a castidade é um para quê, um propósito. Mas e as proibições, não existem?

Claro que existem, mas elas têm uma motivação: quem não se treina a ser inteiro, também não consegue viver a castidade com alegria.

Entendi... Então as coisas proibidas são apenas um sinal.

Joia! O mais importante é saber para onde você vai... O que você quer de você, como você quer sua vida.

Amar as pessoas por inteiro!

Perfeito, Tibúrcio! Castidade é a capacidade de amar por inteiro!

NOTAS

[1] CIC, nn. 2338-2345.

Que os pensamentos não escapem!

Que tal anotar algumas ideias deste capítulo para poder lembrar depois e compartilhar com os amigos?

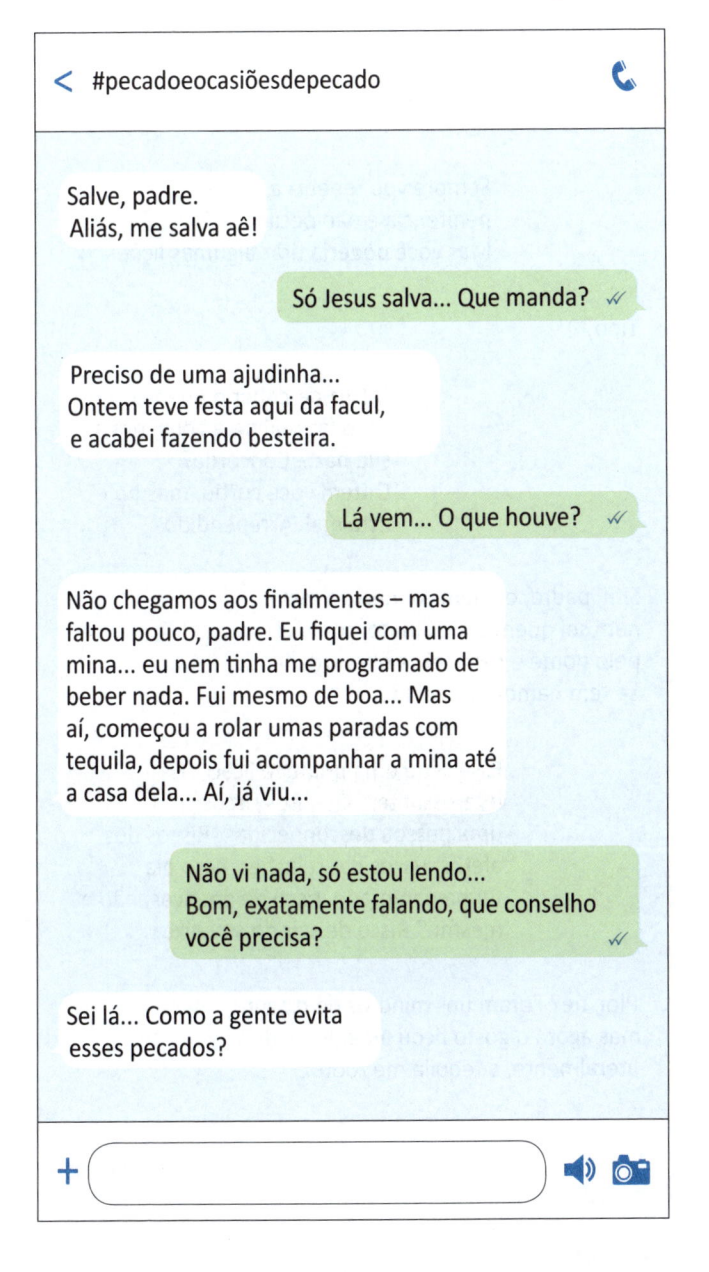

< #pecadoeocasiõesdepecado

Salve, padre.
Aliás, me salva aê!

Só Jesus salva... Que manda?

Preciso de uma ajudinha...
Ontem teve festa aqui da facul,
e acabei fazendo besteira.

Lá vem... O que houve?

Não chegamos aos finalmentes – mas
faltou pouco, padre. Eu fiquei com uma
mina... eu nem tinha me programado de
beber nada. Fui mesmo de boa... Mas
aí, começou a rolar umas paradas com
tequila, depois fui acompanhar a mina até
a casa dela... Aí, já viu...

Não vi nada, só estou lendo...
Bom, exatamente falando, que conselho
você precisa?

Sei lá... Como a gente evita
esses pecados?

> Sempre vou repetir: a maior penitência é não pecar...
> Mas você poderia tirar algumas lições ✓

Tipo?

> Talvez perceber o quanto isso tudo faz mal para você, tira a sua paz... Concorda?
> Ontem você curtiu, mas hoje está mal. Arrependido... ✓

Sim, padre, eu nem conhecia a mina, nem sei quem ela é direito, conheci pelo nome e nem sei se é o verdadeiro, se tem namorado, sei lá...

> Essa seria uma primeira lição interessante... Quantos riscos com uma pessoa desconhecida... Riscos dos afetos, riscos das relações, caso ela tenha namorado, risco de doenças, não é mesmo? Risco de sair do seu eixo... ✓

Pior, né? Foram uns minutos de prazer, mas agora o gosto ficou amargo, padre, literalmente, a tequila me zoou...

> Mas tem mais lições.
> Qual sua relação com a bebida?
> Quanto você acha que bebeu?

Nem sou de beber sempre, tem fim de semana que nem bebo, as coisas da facul, os trabalhos, às vezes nem saio, mas quando bebo geralmente passo um pouco do limite. Há uns meses, tomei um pooooorre, padre... Caí no meu próprio vômito...

> Eu pensaria mais sobre isso.

Não gosto nem de lembrar!

> Mas pensar mais poderia te ajudar a evitar o primeiro gole. Principalmente se você for beber onde a bebida não tiver limites nem seus amigos forem capazes de colocar limites, entende?

Sim, entendi. Em casa, na casa dos meus pais, nunca tive dessas, sempre tomei lá umas cervejas.

Porque com sua família tanto a bebida tem limites como eles te ajudam a ter limites.
Mas no ambiente da faculdade a coisa muda de figura.

Verdade... Mas, então, o senhor acha que não devo beber quando saio com os amigos?

Não sei. Lembra que já te disse uma vez: em cada escolha vamos escolhendo em quem nos transformamos... Então, você deveria pensar que lugar você quer dar à bebida na sua vida...

Sim, é uma coisa boa pra pensar.

Na teologia moral temos uma distinção que poderia te ajudar. Nós falamos de ocasiões próximas e remotas de pecado.

Traduzindo...

Há situações que podem deixar as pessoas mais frágeis em relação a suas tentações, mais propensas a sair do controle.

Mas não é igual pra todo mundo?

Exatamente falando não, cada um tem uma história particular, com situações muito diferentes.

Por exemplo, quantos amigos seus passaram pela mesma situação? Quantos começaram a beber e depois se sentiram completamente fora de controle?

Estou entendendo...

Então, vamos pensar: se dar o primeiro gole vai te levar a dar outros tantos goles e perder o controle, para você, dar o primeiro gole é uma ocasião próxima de pecado...

E o que seria a outra coisa?
A ocasião remota de pecado?

Remoto quer dizer distante. Ocasião remota de pecado é uma ocasião em que você não fica tão propenso a pecar, tem mais controle...

Por exemplo?

> Qual a probabilidade de você encontrar com seus amigos para tomarem café e você terminar vomitando bêbado?

rsrsrs

Quase nenhuma, né?
Só se começar a tomar
umas paradas...

> Aí, você já estaria passando para uma situação próxima de pecado!

Interessante!

> Outro exemplo, que você mesmo contou: enquanto vocês estavam com os outros amigos, digo você e a moça, não estava acontecendo nada contra a castidade... Mas quando foram ficar sozinhos...

Mas, padre, não vou poder ficar
sozinho com uma mina?[1]

> Sozinho, tarde da noite e alcoolizado?

Entendi!

O que é importante é você perceber como uma ocasião de pecado vai se configurando.

Talvez sozinho com a mina, mas durante o dia e sem álcool na cabeça não seja ocasião... Depende do seu nível de controle.

Agora estou me lembrando de tantas situações... próximas de pecado.

Que bom, assim você pode ir analisando melhor, refletindo e se reorganizando... Essa é a ideia.

Olhar quando fico mais propenso a pecar, né?

Sim, estar atento, como o Evangelho fala: ficar vigilante, porque podemos nos colocar em situações que depois de vivenciadas deixam em nós um gosto amargo... Muito amargo.

+

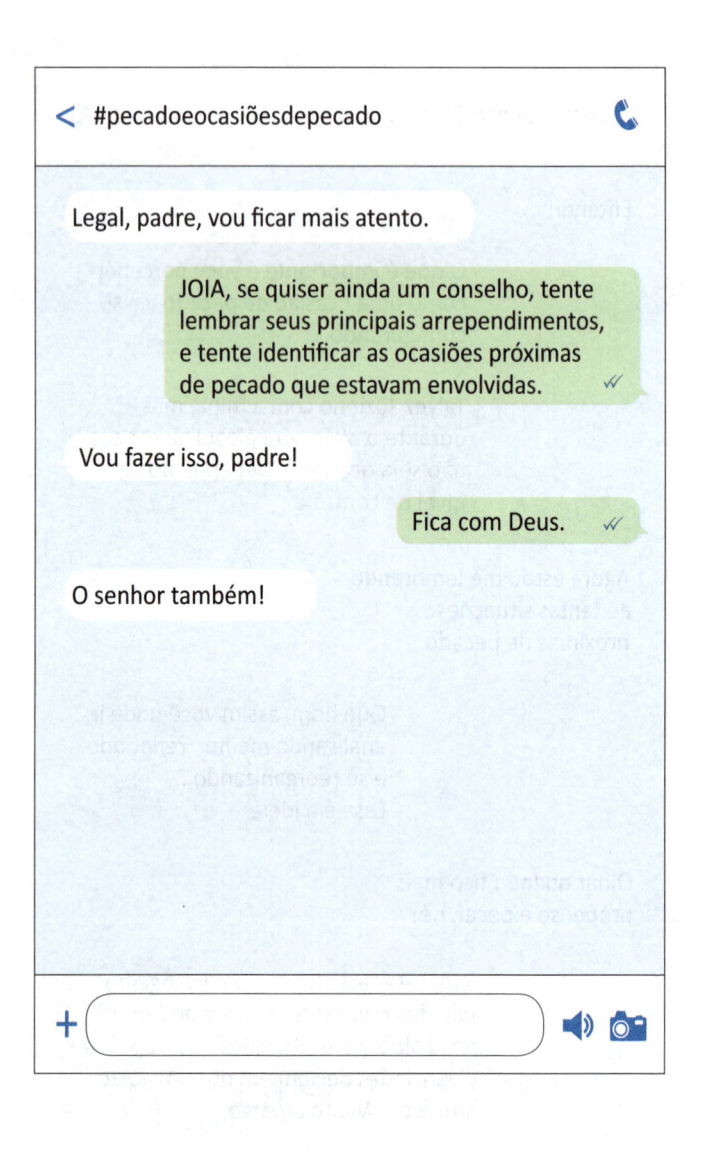

#pecadoeocasiõesdepecado

Legal, padre, vou ficar mais atento.

JOIA, se quiser ainda um conselho, tente lembrar seus principais arrependimentos, e tente identificar as ocasiões próximas de pecado que estavam envolvidas.

Vou fazer isso, padre!

Fica com Deus.

O senhor também!

NOTAS

[1] Aprender a diferenciar ocasiões próximas e remotas de pecado!

Que os pensamentos não escapem!

Que tal anotar algumas ideias deste capítulo para poder lembrar depois e compartilhar com os amigos?

_____

_____

_____

_____

_____

_____

_____

_____

_____

_____

_____

_____

_____

_____

_____

_____

_____

< #ospecadoscapitais

Pessoal, amanhã teremos catequese on-line às 22:00.

Vou tentar ver, padre.

Tudo bom com o senhor?

Tudo sim, Eugênia, e com você?

Tudo indo...

Pra onde?

rsrsrs

Sei não, padre, sei não... Aproveitando a conversa, posso fazer uma pergunta?

Mais uma, no caso, né? rsrsrs Pode sim.

Eu estava lendo um pouco sobre os pecados capitais... queria entender melhor.

#ospecadoscapitais

> Certo, mas qual sua dúvida? ✓✓

Eu li no Catecismo,[1] mas lá só fala os nomes deles...

> Você me dá um minuto?
> Vou pegar uma anotação sobre eles, ok?
> Já volto. ✓✓

Blz, padre!

> Eugênia, está aí? ✓✓

Sim!

> Ok, bom, vou comentar com você um esquema para memorizar bem os pecados capitais, pode ser? ✓✓

Sim.

> São quantos os pecados capitais? ✓✓

Sete!

> Perfeito! ✓✓

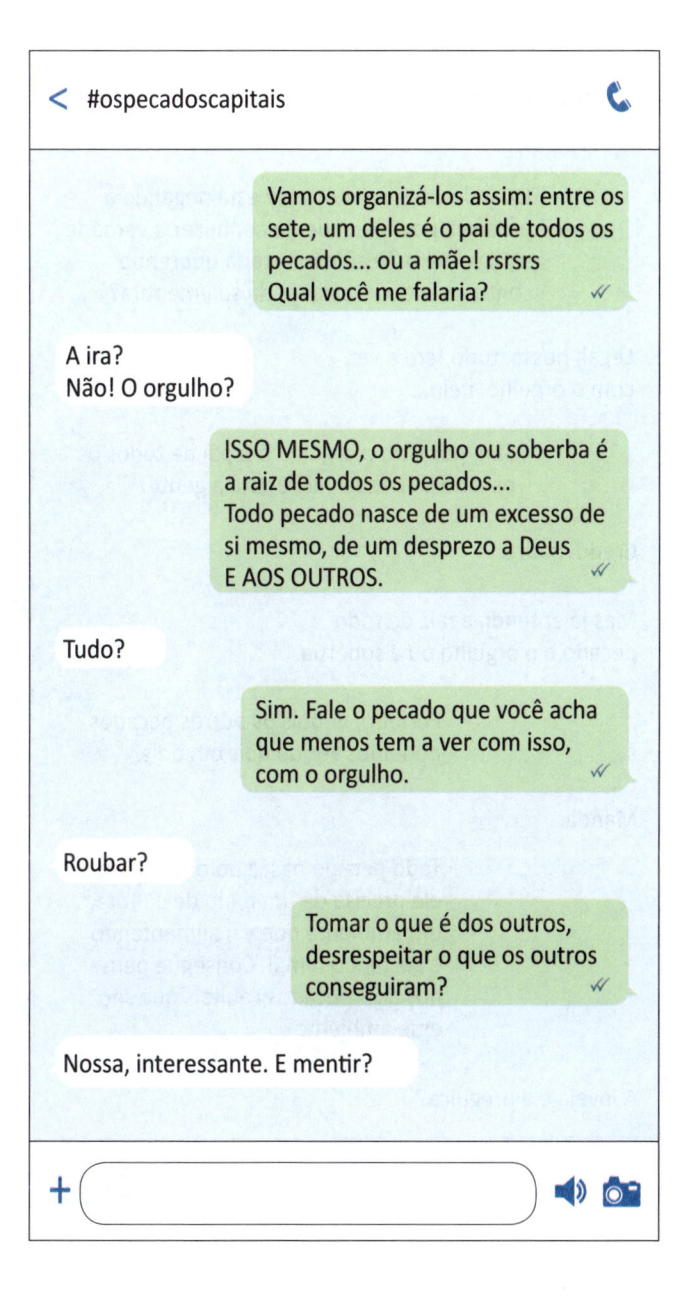

< #ospecadoscapitais ☎

Vamos organizá-los assim: entre os sete, um deles é o pai de todos os pecados... ou a mãe! rsrsrs
Qual você me falaria?

A ira?
Não! O orgulho?

ISSO MESMO, o orgulho ou soberba é a raiz de todos os pecados...
Todo pecado nasce de um excesso de si mesmo, de um desprezo a Deus E AOS OUTROS.

Tudo?

Sim. Fale o pecado que você acha que menos tem a ver com isso, com o orgulho.

Roubar?

Tomar o que é dos outros, desrespeitar o que os outros conseguiram?

Nossa, interessante. E mentir?

+ 🔊 📷

Quando você mente, você está negando à pessoa a possibilidade de conhecer a verdade e julgar bem. Você não estaria querendo controlar o outro através da sua mentira?

Legal, nossa, tudo tem a ver com o orgulho, hein...

Sim, por isso, o orgulho é o pai de todos os pecados... Desde Lúcifer até a gente.

Credo, padre!

Mas já entendi, a raiz de todo pecado é o orgulho ou a soberba.

Perfeito, depois os outros pecados podemos ver de dois em dois...

Manda.

Todo pecado nasce do orgulho, mas ele precisa de um meio de cultura,[2] um ambiente que vai alimentando e gestando o mal. Consegue pensar nos dois pecados capitais que são esse ambiente?

A inveja e a preguiça?

Bingo!

São duas situações basicamente internas, em que a pessoa se volta muito para si mesma... Na inveja ela não consegue se alegrar com o bem dos outros ou, ainda pior, se alegra quando os outros se dão mal...

Mas inveja não é só querer o que os outros têm?

Isso pode ser um aspecto da inveja, mas também pode nem ser inveja.

Como assim?

Por exemplo, você tem amigos que têm carro e você ainda não tem nem pode ter porque só tem 16 anos, certo?

Sim.

Mas você fica triste porque eles têm e você não?

Não, sempre pego carona...

Na minha época isso era chamado de ser maria-gasolina... rsrsrs

Hoje a gente chama de uber-amigo rsrsrs

Bom, querer ter o que os outros têm pode até se tornar cobiça, mas quando significar pra você um empenho em se organizar ou perseverar nos seus objetivos, nem é coisa ruim; é bom, te motiva, entende?

Sim.

Agora, se isso te leva a uma forma de tristeza causada pelo bem da outra pessoa... Aí, a situação muda de figura.

Mas o senhor falou também de sentir alegria pelo mal dos outros...

Isso. Imagina que você invejasse seus amigos que têm carro. Um deles bate o carro, não tem seguro, e termina ficando sem carro. Você comemoraria esse fato?

Não! Não mesmo.

O invejoso se alegraria com o mal dos outros, e muito!

Entendi.

E a preguiça? Também tem outro nome, né?

Isso. Também pode ser chamada de acídia... Bom, a preguiça se manifesta como uma aversão ao bem que você precisa.

Não é querer dormir o dia inteiro?

rsrsrs

Isso pode ser cansaço ou sono, filha, rsrs Depende!

Fala mais, padre.

A preguiça é um estado em que você evita o bem que você precisa: precisa estudar e não quer, precisa fazer um serviço de casa e foge dele, precisa escovar os dentes e passar fio dental e não quer...

Com o tempo, o bem evitado se torna males: notas baixas, casa bagunçada e dor de dente...

Estou vendo que às vezes sou preguiçosa...

Todos somos... Mas não é só isso.

Não?!

A preguiça é aversão ao bem e atração a um bem indiferente ou irrelevante para aquela situação...

Google tradutor, por favor.

Pensa assim: você tem um exame na escola na segunda-feira, e terá um fim de semana relativamente tranquilo para estudar, seus pais não vão sair e você poderia ficar em casa. O bem que você precisa é estudar, preparar-se para a prova.

Certo.

> Mas você vai sentindo a aversão, os pensamentos aparecem: mais um fim de semana perdido! Todo mundo curtindo e eu tendo que estudar pra prova... O que a Ana deve estar fazendo? Será que o Pedro vai jogar? Dei uma surra nele na outra vez...

O senhor lê pensamentos?

> Não, mas escuto muitos deles... Junto dessa aversão, de ter que enfrentar o estudo, aparece a atração por bens menores ou irrelevantes em relação ao estudo.

Exemplo.

> A prova será sobre literatura brasileira e você fica com uma vontade de retomar as lições de inglês... Ou dá vontade de arrumar o guarda-roupa... Ou dá vontade de ler a Bíblia.

Ah, padre, não poderia ler a Bíblia?

+

Sim, pode e deve, mas pensa no conjunto... Se no final de semana você vai ter umas 8 horas disponíveis para estudar para a prova e quiser ler a Bíblia e também estudar, como seria bom dividir essas 8 horas? Qual bem é mais necessário naquele momento?

Entendi...

A preguiça não é só evitar o bem que precisa ser feito, mas se deixar atrair por outras coisas que até são importantes, mas naquele momento estariam em segundo lugar...

Por que tanta vontade de ler a Bíblia justamente no fim de semana que está às vésperas de um exame importante?

Que interessante, padre...

Pois é.

A gente pensa que preguiça é só ficar mais tempo na cama...

#ospecadoscapitais

> Enquanto a preguiça pode aparecer também na pessoa que está sempre ocupada, mas fazendo coisas desnecessárias... Recapitulando... A raiz de todo pecado é o orgulho, o meio de cultura do pecado é a inveja e a preguiça.

Certo. E a gula, padre?

> Estou tentando controlar! Obrigado!

rsrsrs

Não! Estou falando da gula de todo mundo, não da sua rsrsrs

> rsrsrs

> aaah taaah!

> Existem dois pecados que estão relacionados com uma desordem dos prazeres: a gula e a luxúria (o Catecismo chama de impureza).

Eu sou gulosa com chocolate! Comeria um quilo todo dia.

> Comer mais que o necessário é coisa desordenada, desorganizada. Todo descontrole deve ser evitado.

Então a gula é comer mais do que o necessário?

Também... Mas a gula é uma relação desordenada com o alimento, não apenas com a quantidade. ✓✓

Tipo assim?

Sua mãe faz para o almoço feijão, arroz, abobrinha e frango cozido... ✓✓

Eu não como abobrinha.

Mesmo sabendo que legumes fazem bem ao organismo? ✓✓

Não é gostoso.

Evitar o que nos faz bem... ✓✓

Nooosssssssa!
Tipo, querer o que faz mal
e rejeitar o que faz bem!

Isso mesmo, a gula se manifesta em toda forma desorganizada de alimentar-se: você ama se envenenar com alimentos que não são nutritivos e tem nojo do que te faria bem. ✓✓

+ 🔊 📷

É pecado de adolescente!

> É pecado de todo mundo... Mas a gula também pode se manifestar com o excesso de escolhas sobre a comida, quando alguém faz vir do outro lado do oceano um tipo de bife porque despreza a carne nacional, sei lá...; você não quer comer o doce que sua mãe faz, mas adora o mesmo doce industrializado... ✓

Quanta coisa para aprender, hein?

> Sim, é muito interessante. ✓

E o pecado da luxúria?

> Apenas para concluir: a gula é uma relação desordenada com a comida tanto em relação à quantidade, muito ou pouca, porque coloca em risco a saúde, como também em relação aos critérios para alimentar-se... Sem contar que às vezes deixa o irmão sem o pedaço de pudim que era pra ele... ✓

Abafa o caso!
Sorte que sou filha única...

+ 🔊 📷

A luxúria também é uma forma desordenada dos afetos, da carícia e do contato com as outras pessoas; ela é o contrário da castidade.

E o que é castidade?

Bom, resumidamente, castidade é a capacidade de amar as pessoas por inteiro, sem reservas de si mesmo, sem escolher qual parte do outro será amada.

Nossa, sempre ouvi outras coisas.

Você peca contra a castidade quando ama ou demonstra sentimentos por outra pessoa apenas por interesses egoístas, não com seu coração inteiro... Você peca contra a castidade quando provoca nos outros sentimentos por você quando apenas quer curtir com a pessoa, sem interesse sincero nela...

Então nem sempre tem a ver com sexo...

Pode ter a ver com sexo ou não. Quando envolve sexo, a situação ainda é mais grave... É luxúria!

Interessante.

> Pois é, a luxúria manifesta muito como todo pecado tem no orgulho sua raiz... Você se coloca em situação de domínio e de controle dos sentimentos dos outros. ✓

A mídia incentiva à luxúria.

> Uma parte da mídia sim... Não a mídia inteira... A luxúria mostra sua face maldosa porque fere as pessoas na sua capacidade de amar... Tanto quem a pratica como quem sofre as consequências de sedução. ✓

Que legal saber disso, padre.

> Pois é, é um caminho de autoconhecimento... ✓

> Já vimos cinco pecados capitais, certo? ✓

O orgulho é a raiz de todos eles, o meio de cultura é a inveja e a preguiça, e vimos os que manifestam uma relação desordenada com os prazeres: a gula e a luxúria.

Perfeito! ✓

A ira e a avareza se encaixam no quê?

Pois é, essa divisão que estou usando não é tão exata, é mais para facilitar sua memorização, porque todos os pecados capitais estão unidos, bem unidos... ✓

Entendi.

A ira e a avareza são os pecados que mais rápido deixam perceber seus efeitos perversos nos outros. Poderíamos dizer que são os mais exteriores. ✓

Os mais interiores são a preguiça e a inveja, né?

Exatamente... A preguiça e a inveja podem ficar muito tempo instaladas sem que se perceba com muita clareza seus efeitos, mas a ira e a avareza ferem de maneira muito mais clara as pessoas ao redor. ✓

A ira é ficar bravo?

+ 🔊 📷

Sim, tem a ver com isso, mas se manifesta como fúria, cólera, agressividade... Os antigos diziam: a ira mata a si mesma! Ou como costumam dizer: quem não se acalma, morre de raiva.

Eu tenho um tio assim! Do nada ele se ofende, grita, xinga quem estiver por perto... Na fila do caixa do supermercado, se alguém esbarra nele na rua, quando fecham o carro dele...

Veja que é normal você sentir indignação, sentir que algo foi injusto... A ira está numa...

Desordem!

Rsrsrs

Isso mesmo... Continua.

Numa desordem com... Não sei! rsrsr

Numa desordem com a indignação, a reação é desproporcional à ofensa recebida...

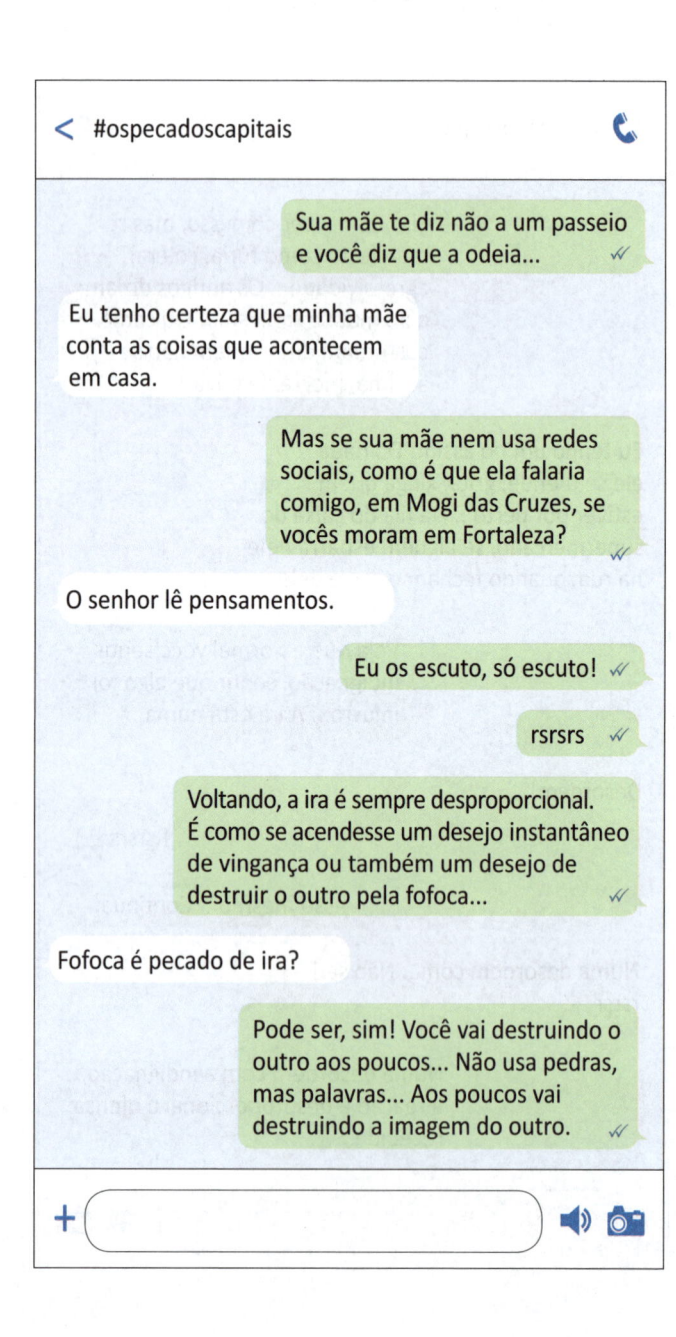

#ospecadoscapitais

> Sua mãe te diz não a um passeio e você diz que a odeia...

Eu tenho certeza que minha mãe conta as coisas que acontecem em casa.

> Mas se sua mãe nem usa redes sociais, como é que ela falaria comigo, em Mogi das Cruzes, se vocês moram em Fortaleza?

O senhor lê pensamentos.

> Eu os escuto, só escuto!

> rsrsrs

> Voltando, a ira é sempre desproporcional. É como se acendesse um desejo instantâneo de vingança ou também um desejo de destruir o outro pela fofoca...

Fofoca é pecado de ira?

> Pode ser, sim! Você vai destruindo o outro aos poucos... Não usa pedras, mas palavras... Aos poucos vai destruindo a imagem do outro.

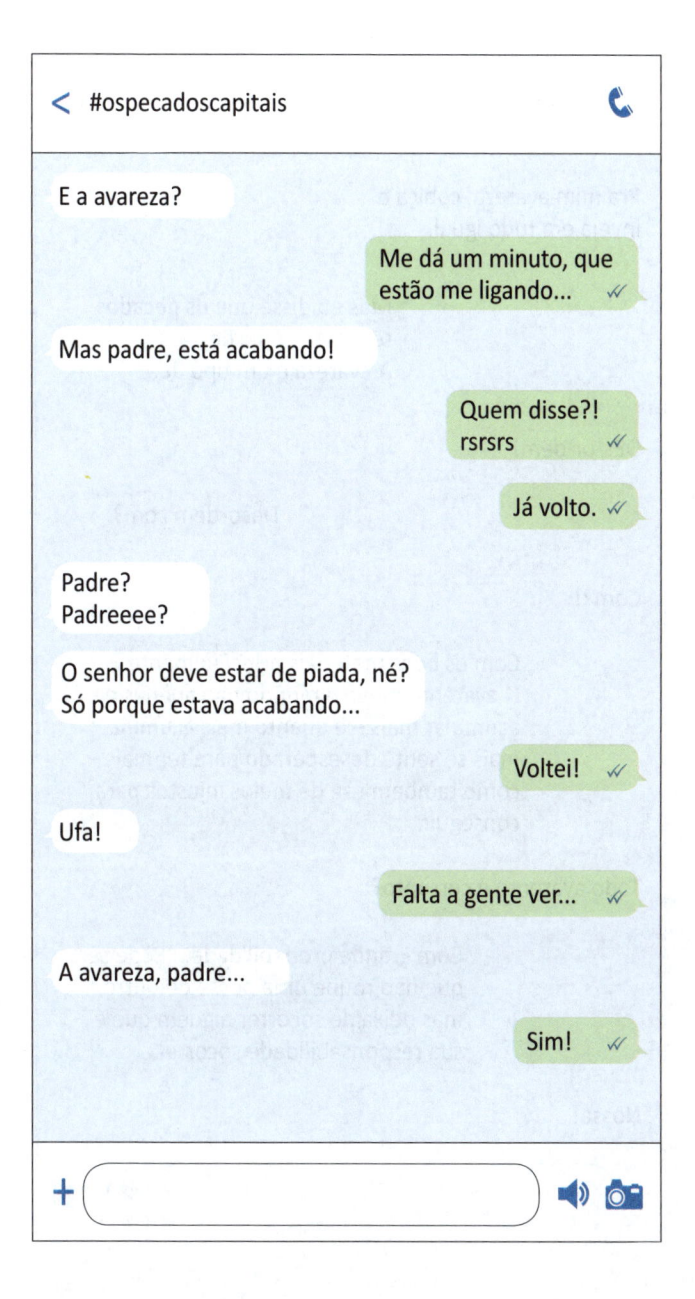

#ospecadoscapitais

E a avareza?

Me dá um minuto, que estão me ligando...

Mas padre, está acabando!

Quem disse?!
rsrsrs

Já volto.

Padre?
Padreeee?

O senhor deve estar de piada, né?
Só porque estava acabando...

Voltei!

Ufa!

Falta a gente ver...

A avareza, padre...

Sim!

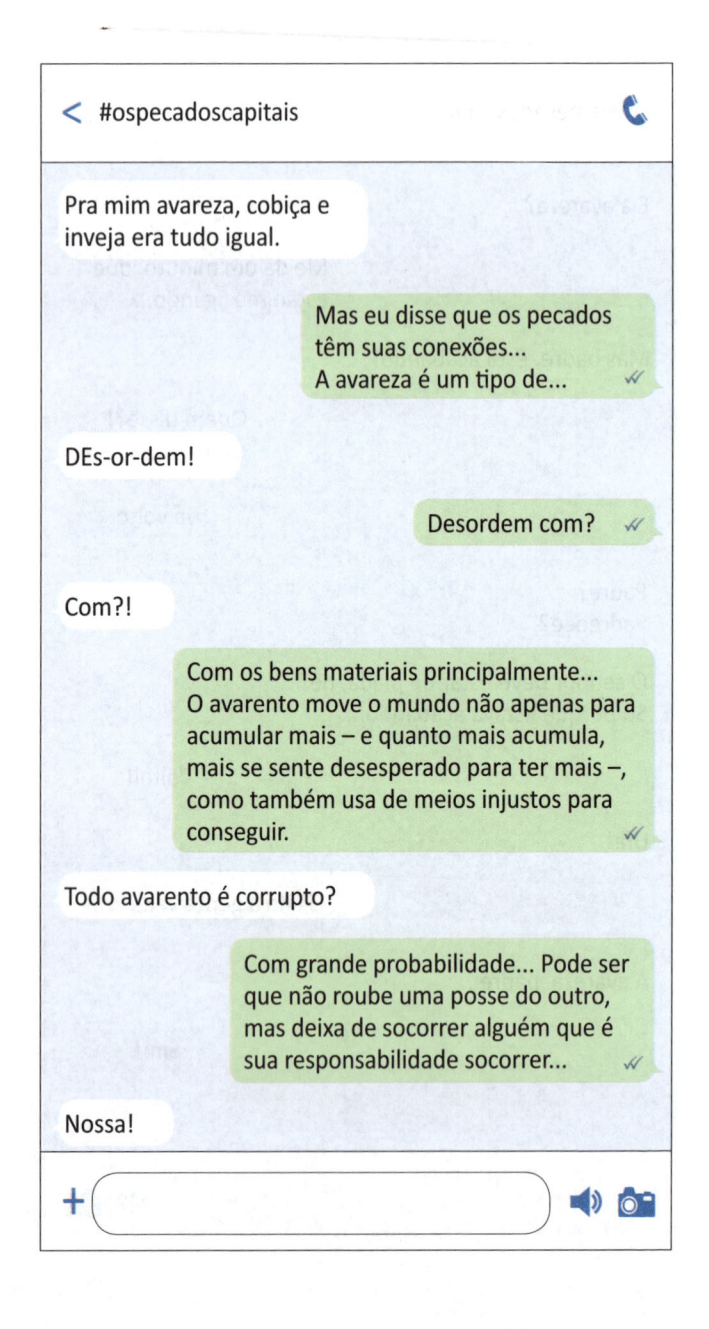

< #ospecadoscapitais ☎

Pra mim avareza, cobiça e inveja era tudo igual.

> Mas eu disse que os pecados têm suas conexões...
> A avareza é um tipo de...

DEs-or-dem!

> Desordem com?

Com?!

> Com os bens materiais principalmente...
> O avarento move o mundo não apenas para acumular mais – e quanto mais acumula, mais se sente desesperado para ter mais –, como também usa de meios injustos para conseguir.

Todo avarento é corrupto?

> Com grande probabilidade... Pode ser que não roube uma posse do outro, mas deixa de socorrer alguém que é sua responsabilidade socorrer...

Nossa!

+ 🔊 📷

> Um avarento pode deixar de comprar um remédio para si ou para a esposa ou um filho e forçar tratar com um chazinho que passa...

Mas ele deixa de cuidar dele mesmo?

> Sim, lembra que é uma desordem?

Nossa, que loucura!

> Você falou bem! TODO PECADO É LOUCURA, insensatez... É loucura não se colocar em seu lugar, é loucura querer ser melhor que os outros. Quem quer ser mais que os outros é sempre LOUCO, INSENSATO!

> Também é loucura se entristecer pelo bem dos outros ou se alegrar pelo mal dos outros... É loucura não procurar o próprio bem! Inveja e preguiça são loucura! Também é loucura envenenar-se aos poucos por não saber relacionar-se com a comida, é loucura estragar aos poucos a capacidade de amar e de ser amado.

Gula e luxúria também são loucura!

+

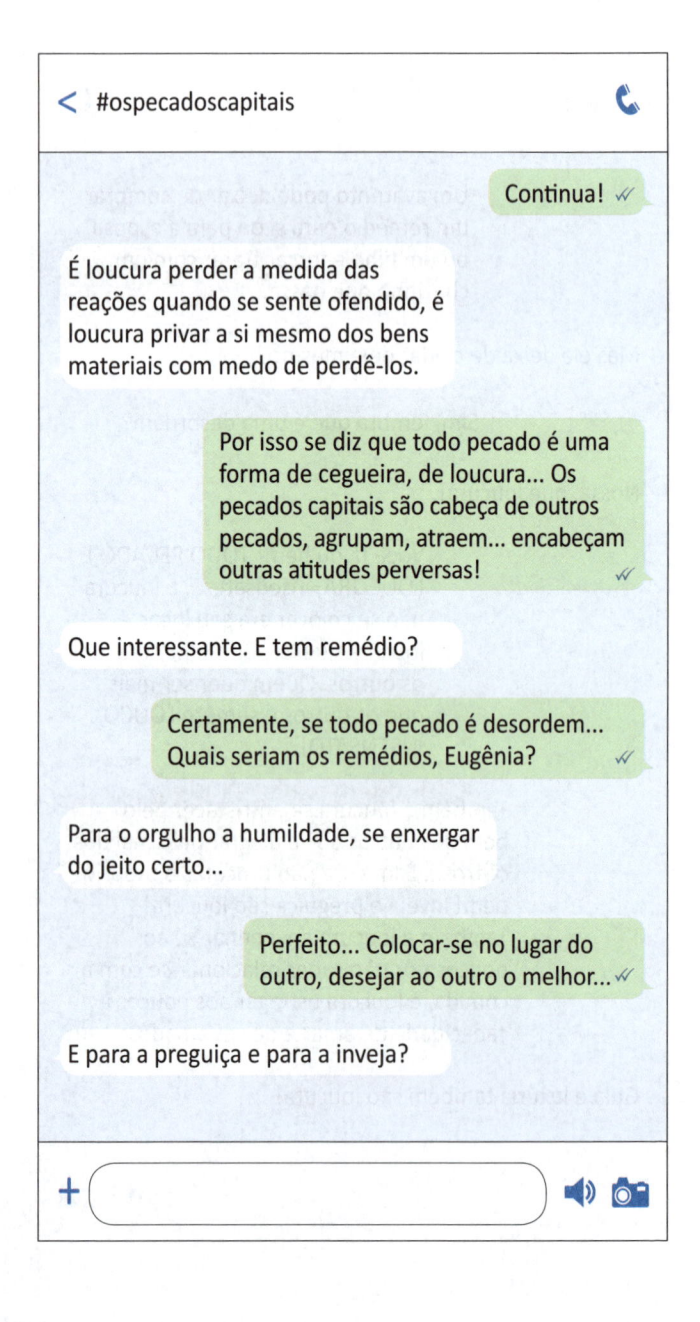

#ospecadoscapitais

> Continua! ✓✓

É loucura perder a medida das reações quando se sente ofendido, é loucura privar a si mesmo dos bens materiais com medo de perdê-los.

> Por isso se diz que todo pecado é uma forma de cegueira, de loucura... Os pecados capitais são cabeça de outros pecados, agrupam, atraem... encabeçam outras atitudes perversas! ✓✓

Que interessante. E tem remédio?

> Certamente, se todo pecado é desordem... Quais seriam os remédios, Eugênia? ✓

Para o orgulho a humildade, se enxergar do jeito certo...

> Perfeito... Colocar-se no lugar do outro, desejar ao outro o melhor... ✓

E para a preguiça e para a inveja?

Para a preguiça uma boa organização do tempo, exercitar-se nos compromissos, perceber os pensamentos que sabotam nosso empenho em fazer o bem que precisamos... Remédio para a inveja é alegrar-se com o bem dos outros e solidarizar-se quando os outros sofrem...

Padre, para a gula e a luxúria, pode ser provar as coisas do modo certo, justo, sem excessos?

Isso mesmo, para a comida, com atitude de simplicidade e, para as relações, com modéstia...

E remédio para a ira e para a avareza?

Para a ira, um bom remédio também é colocar-se no lugar do outro, tentar ver se o outro queria realmente ferir como feriu ou se nós é que somos propensos a nos sentir ofendidos... Ficar atento à proporcionalidade das reações...

E para a avareza: a partilha?

Sim, mas antes da partilha, a sensibilidade, a capacidade de se colocar no lugar do outro que precisa de nós.

Aí passamos da loucura para...

Passamos da loucura para a lucidez... Uma forma de ver as coisas da maneira certa, de ver a si mesmo da maneira certa...

Quanta coisa!

Sempre muita coisa, que tal pensar um pouco em como esses pecados se manifestam na sua vida?
Aí, outra hora retomamos o assunto.

Blz, padre!
Minha mãe vai fazer bolo de cenoura... com chocolate.

Me deu ataque de inveja porque não estou perto para ser atacado pela gula...

< #ospecadoscapitais ☏

rsrsrs
Vou mandar um pedaço por SEDEX...
Aliás, sai caro, mando uma foto...

> O nome disso é avareza, rsrsrs
> Gasta um SEDEX comigo ✔

rsrsrs
Blz!

> Fica com Deus. ✔

\+ ⬭ 🔊 📷

NOTAS

[1] CIC, nn. 1865-1866.

[2] A preguiça e a inveja são como um *meio de cultura* em que outros pecados se proliferam.

Que os pensamentos não escapem!

Que tal anotar algumas ideias deste capítulo para poder lembrar depois e compartilhar com os amigos?

_____

_____

_____

_____

_____

_____

_____

_____

_____

_____

_____

_____

_____

_____

_____

_____

< #liberdadeoulivrearbítrio

Vai, Corinthians!

(mensagem ignorada com sucesso)

Foi maus, padreee!

Foi péssimo. Tudo bem?

Sim... E não... Hoje eu tive uma conversa legal com meu pai, aliás, não é que foi tão legal... Mas eu toquei no assunto do divórcio deles.

Entendi, aliás, entendo porque foi bom e não foi... Separação nunca é coisa fácil.

Pior, padre... Mas tipo, o assunto foi bom, mas ele me disse umas coisas que fiquei bolado.

Por exemplo, que no casamento ele perdeu a liberdade dele.
O senhor acha que quando se casa se perde a liberdade, o livre-arbítrio?

Certo... Vamos lá...
O que é liberdade? É o mesmo que livre-arbítrio?

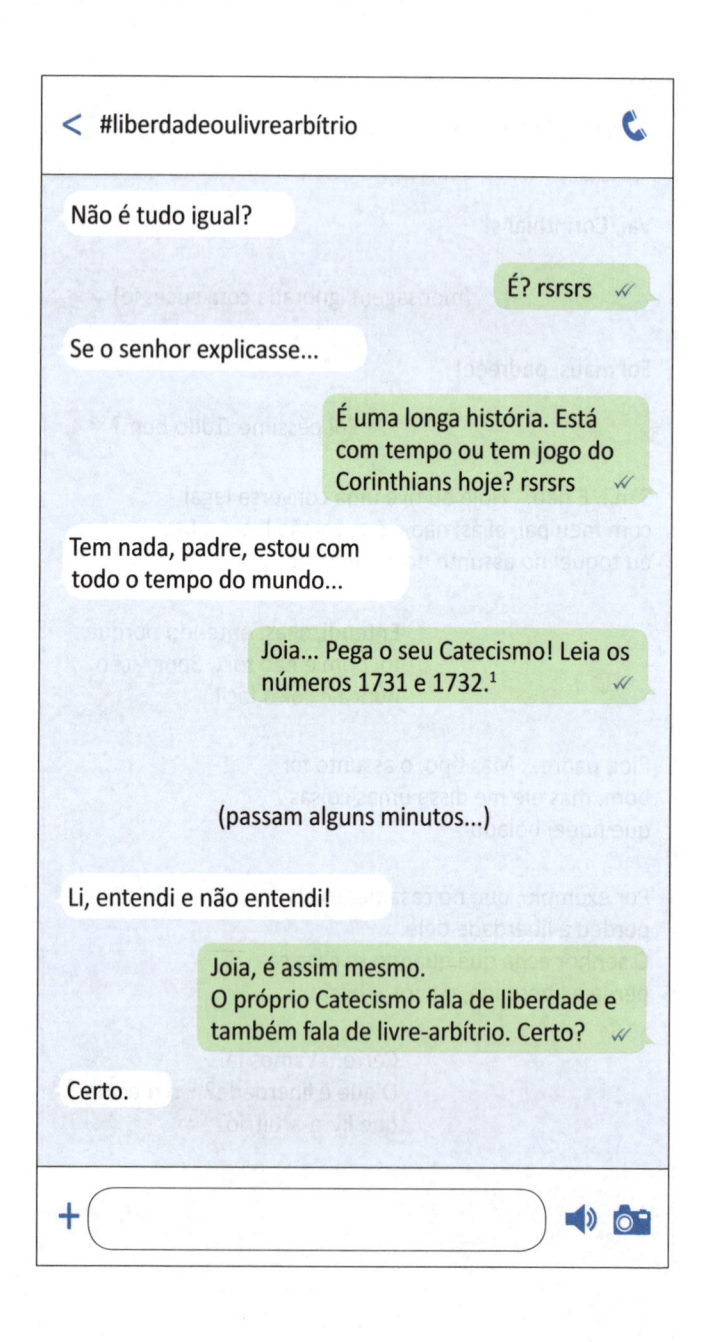

< #liberdadeoulivrearbítrio

Não é tudo igual?

É? rsrsrs ✓✓

Se o senhor explicasse...

É uma longa história. Está com tempo ou tem jogo do Corinthians hoje? rsrsrs ✓✓

Tem nada, padre, estou com todo o tempo do mundo...

Joia... Pega o seu Catecismo! Leia os números 1731 e 1732.[1] ✓✓

(passam alguns minutos...)

Li, entendi e não entendi!

Joia, é assim mesmo.
O próprio Catecismo fala de liberdade e também fala de livre-arbítrio. Certo? ✓✓

Certo.

Então vamos organizar as ideias. Quando você ler "livre-arbítrio" gostaria que você pensasse apenas na capacidade de fazer escolhas... Escolher agir ou não agir, fazer isto ou aquilo, como aparece no Catecismo, ok?

Também a possibilidade de escolher entre o bem e o mal?

Sim e não!

Explicando em 3, 2, 1, por favor...

Livre-arbítrio é poder fazer escolhas: eu posso falar com você ou sair do celular... Eu posso estar em casa ou fazer uma caminhada... Mas, se acabar a energia elétrica, fico sem poder escolher falar ao celular ou assistir à TV... Se eu quebrar a perna, não terei como escolher caminhar... Ok?

Ok, livre-arbítrio é poder escolher!

Bravo! Mas liberdade é mais do que fazer escolhas. O Catecismo diz que é força de crescimento e amadurecimento na verdade e no bem! Deve estar ordenada para Deus e, enquanto não está nesse nível, podemos definhar e pecar...

Estou acompanhando.

Enquanto livre-arbítrio é mera possibilidade de escolha e mesmo de qualquer escolha, liberdade é direcionar-se para o bem, para Deus, PARA A VERDADE.

Eu posso usar o livre-arbítrio sem liberdade?

Fica esquisito falar assim, não é mesmo? Mas pode! Quando alguém faz escolhas, mas estas escolhas estragam sua vida, o fulano está usando do livre-arbítrio, mas está se comportando como escravo do pecado.

Interessante, padre!

Por exemplo, você tem escolha de estudar ou ficar à toa pelo campus da faculdade... Mas, se escolher ficar à toa, é certo que aí está um exercício do seu livre-arbítrio, mas ao mesmo tempo você está se colocando contra seus projetos profissionais...

E o que tem a ver o casamento tirar a liberdade?

Bom, o casamento certamente limita as escolhas da pessoa. Quem casou, não pode organizar seu tempo sem pensar na outra pessoa... Isso é um limite. Quem casa não vai gastar seu dinheiro como achar melhor, isso é um limite porque os dois precisam planejar... Mas o casamento não impede que os dois procurem seu bem, sua felicidade. Na verdade, quando se casam, se casam para isso...

Então meu pai confundia liberdade com livre-arbítrio?

Sim, mas no fundo não é problema de saber chamar cada coisa pelo seu nome... É o que cada um deles queria no casamento...
Para resumir a resposta à sua pergunta.

Meu pai não entendeu que ter limites não era perder a liberdade...

Eis um ponto importante! Por isso, sempre digo a vocês para tomarem consciência das escolhas que fazem, elas sempre vão significar novas escolhas e novos limites. Mas, mesmo com limites, sempre poderão se voltar para o bem.

+

< #liberdadeoulivrearbítrio

Quem estiver procurando o bem e a verdade nem vai se importar tanto com os limites, né, padre?

Isso é maturidade, demora para entender...

NOTAS

[1] CIC, nn. 1731-1732.

Que os pensamentos não escapem!

Que tal anotar algumas ideias deste capítulo para poder lembrar depois e compartilhar com os amigos?

_____

_____

_____

_____

_____

_____

_____

_____

_____

_____

_____

_____

_____

_____

_____

_____

_____

#ideologiadegênero

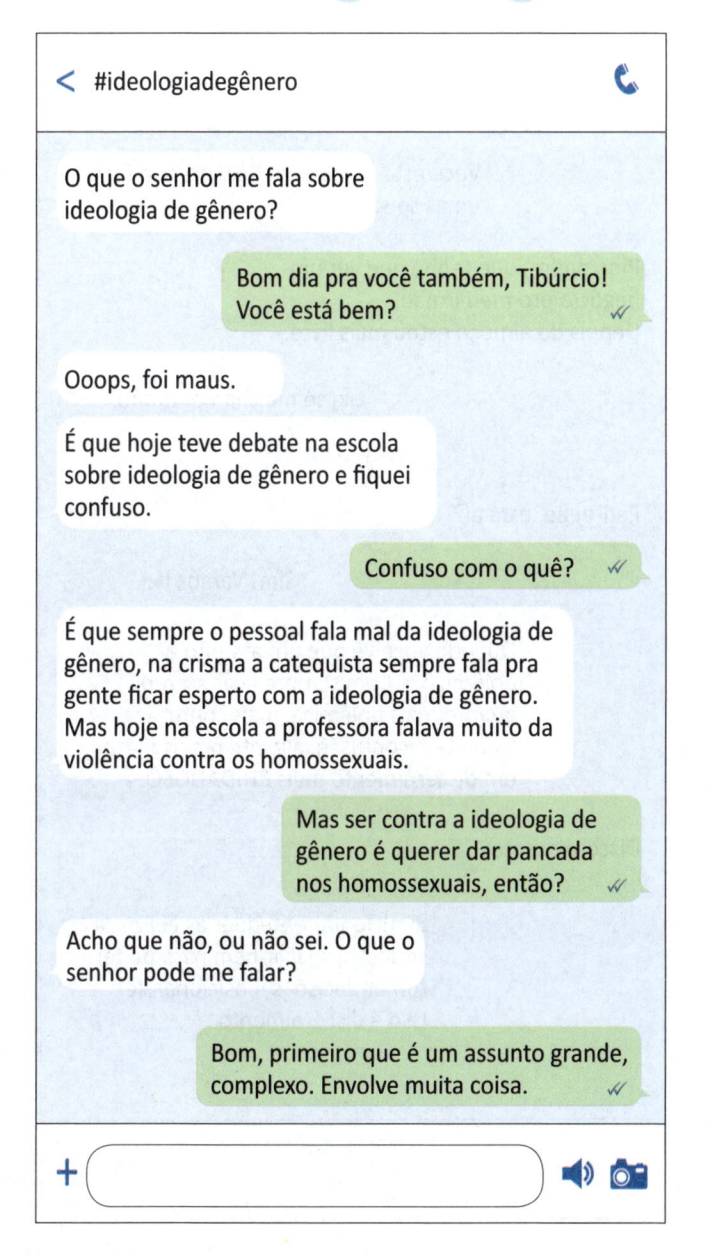

< #ideologiadegênero

O que o senhor me fala sobre ideologia de gênero?

Bom dia pra você também, Tibúrcio! Você está bem?

Ooops, foi maus.

É que hoje teve debate na escola sobre ideologia de gênero e fiquei confuso.

Confuso com o quê?

É que sempre o pessoal fala mal da ideologia de gênero, na crisma a catequista sempre fala pra gente ficar esperto com a ideologia de gênero. Mas hoje na escola a professora falava muito da violência contra os homossexuais.

Mas ser contra a ideologia de gênero é querer dar pancada nos homossexuais, então?

Acho que não, ou não sei. O que o senhor pode me falar?

Bom, primeiro que é um assunto grande, complexo. Envolve muita coisa.

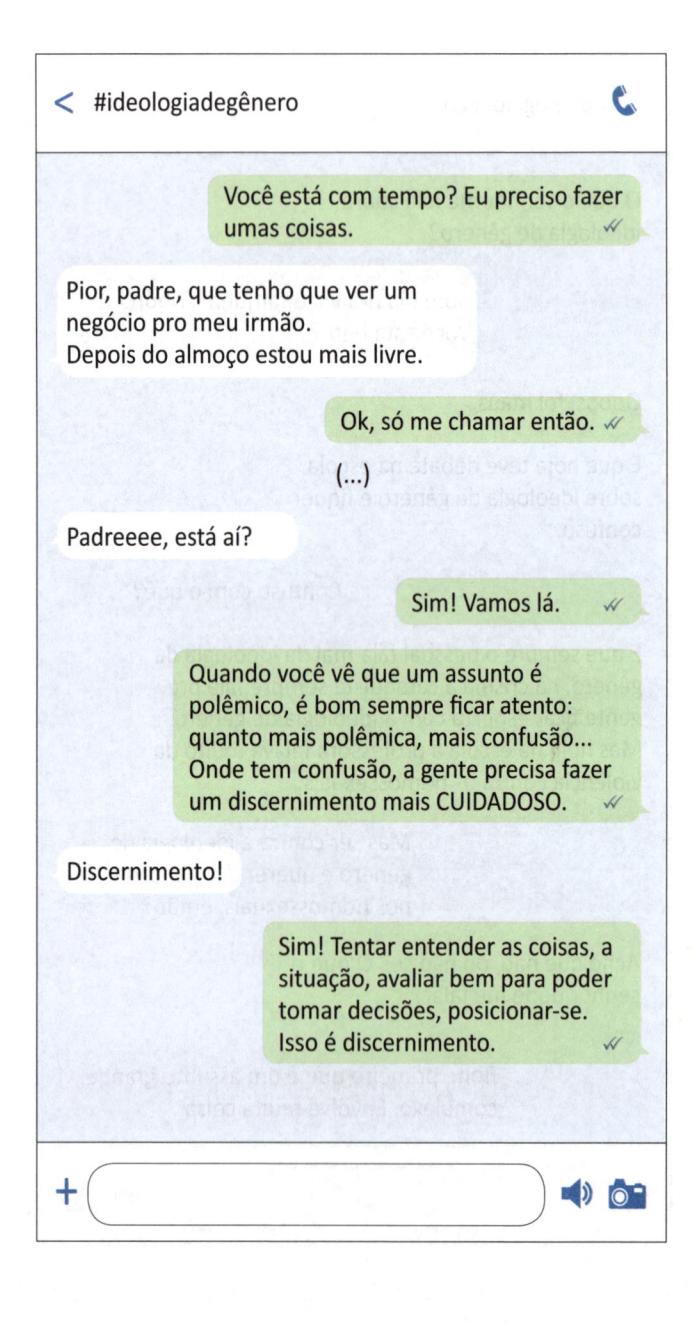

< #ideologiadegênero 📞

> Você está com tempo? Eu preciso fazer umas coisas. ✓✓

Pior, padre, que tenho que ver um negócio pro meu irmão.
Depois do almoço estou mais livre.

> Ok, só me chamar então. ✓✓

> (...)

Padreeee, está aí?

> Sim! Vamos lá. ✓✓

> Quando você vê que um assunto é polêmico, é bom sempre ficar atento: quanto mais polêmica, mais confusão... Onde tem confusão, a gente precisa fazer um discernimento mais CUIDADOSO. ✓✓

Discernimento!

> Sim! Tentar entender as coisas, a situação, avaliar bem para poder tomar decisões, posicionar-se. Isso é discernimento. ✓✓

＋ ⬭⬭⬭⬭⬭⬭⬭⬭⬭⬭⬭⬭ 🔊 📷

< #ideologiadegênero 📞

Acho que o senhor já comentou isso outra vez...

> Ótimo. Vamos por partes então. Vamos tentar entender. ✓✓

> Primeiro olhar a situação: muita gente chama qualquer coisa de ideologia de gênero... A primeira tarefa é separar bem as coisas. ✓✓

Como assim?

> Tem gente que vai achar que ser contra ideologia de gênero significa querer maltratar os homossexuais. Mas não é bem isso. ✓✓

> Aliás, não tem nada a ver com isso! Em nosso entendimento como cristãos católicos procuramos respeitar os homossexuais porque sabemos que sempre há muito sofrimento. ✓✓

O Papa Francisco que fez essa mudança, né? Pra ter mais respeito e acolhida...

+ [   ] 🔊 📷

Não, não! Você pode ler no Catecismo que os homossexuais devem ser acolhidos com respeito, compaixão e delicadeza,[1] evitando toda forma de discriminação injusta.

Isso é ensinado há uns trinta anos já... Não é novidade, não!

Nossa! Nunca tinha ouvido falar...

Pois é, veja, o nosso pensamento é sempre o do respeito, da compreensão e da acolhida. Nossa religião não dá nenhum incentivo a maus-tratos ou qualquer forma de AGRESSIVIDADE.

Mas eu já vi católico e gente de igreja mesmo sendo muito preconceituosos.

Isso sempre é possível, mas não significa que a pessoa esteja sendo fiel ao ensinamento que recebeu...

Entendi. Então o que vem a ser a ideologia de gênero?

Ótimo, vamos dar mais um passo. ✓✓

Existe o problema de gênero que você pode identificar com o machismo. Um cara achar que por ele ser homem ele deve mandar e a mulher obedecer... Que tudo deve ser como os homens acharem melhor... Essa forma de pensamento machista faz acreditar que a diferença entre homem e mulher seja pretexto para a desigualdade, falta de respeito, dominação... ✓✓

Certo...

Em determinado momento, as pessoas foram se dando conta de que a diferença não poderia ser motivo para tratamento desigual ou injusto. Aí foram nascendo os movimentos de gênero ou, se preferir, o feminismo. A ideia era libertar as mulheres das situações de injustiça e opressão por causa do mundo machista; era tomar consciência de que a diferença não poderia ser motivo de injustiça. ✓✓

Está entendendo? ✓✓

Sim, mestre!

> Pois bem, o problema é que para lutar contra as diferenças o movimento, ou alguns grupos dos movimentos começaram a lutar contra coisas muito óbvias: que as diferenças existem!

Estou me perdendo...

> Vamos dizer de outra maneira.
> Uma pessoa importante na história da ideologia de gênero foi Simone Beauvoir, ela tinha uma frase célebre: "Ninguém nasce mulher, mas torna-se mulher".

Eita!

> Sim, é esquisita, mas ela queria dizer que ninguém nasce submissa, vulnerável ao poder do homem, mas a sociedade a torna assim...

Que interessante!

> Pois é, mas, com o tempo, a frase foi ficando fora do seu contexto e começou a ser apropriada pelas lutas dos direitos dos homossexuais.

Está começando a ficar confuso de novo...

A frase começou a ser usada para negar uma coisa evidente: as pessoas nascem e o corpo delas indica algo da existência delas. Você nasceu como homem; sua mãe nasceu como mulher. O corpo é uma primeira evidência daquilo que você pode ser.

Mas e as pessoas que desde cedo se sentem diferentes dos outros?

Essas pessoas precisam ser respeitadas, ajudadas, orientadas... Mas isso é uma situação à parte... O problema é que, para respeitar, alguns começaram a negar o que vai bem com a grande maioria: muita gente nasce com corpo de homem e se identifica assim e muita gente nasce com corpo de mulher e se identifica assim.

Entendi.

Mas ainda tem mais!
Nós chamamos isso de ideologia porque não é apenas uma confusão de ideias, mas é um tipo de projeto social, de nova forma de organização da sociedade que tenta negar o comum da existência.

Traduzindo...

A questão de gênero percebia que a diferença era motivo de uma sociedade desigual, machista e dominadora em relação à mulher. Os movimentos pelos direitos dos homossexuais experimentavam um sofrimento parecido, mas a frase da Simone Beauvoir foi usada de maneira equivocada para negar que existem diferenças, as pessoas se sentem pertencentes a uma orientação ou outra.

Se entendi: para evitar a desigualdade que nascia por causa da diferença, começaram a ensinar que nem existe diferença?

Bingo! Mas como não é possível negar a diferença, começa-se a lutar contra todas as evidências. Hoje, por exemplo, querem abolir a palavra pai ou mãe, menino ou menina...

Isso eu ouvi hoje. Eles diziam que essas palavras provocam sofrimento...

Pois é, o sofrimento é lutar contra o que é evidente.

O problema não é a luta pelos direitos e respeito às mulheres ou aos homossexuais, mas a tentativa de negar o óbvio: que existem homens e mulheres. Eles querem dizer que tudo é apenas construído pela sociedade.

Que interessante, padre!

Sim, é um tema muito quente! Chama muito a atenção das pessoas. Mas, você viu? Nós separamos as ideias e ficou fácil avaliar.

Verdade, uma coisa é respeitar os direitos dos outros, outra coisa é negar que existam as diferenças. E pior ainda é querer forçar todo mundo a achar que tudo depende apenas do contexto social.

Pois é, agora fica mais fácil tomar decisões, posicionar-se em relação à ideologia de gênero. A ideologia de gênero é um problema para a vida social, mas também o desrespeito e a marginalização não fazem bem à vida social.

#ideologiadegênero

Tomara que semana que vem retomem esse assunto. Agora tenho mais coisas para conversar.

Fico contente.

Vale a pena dialogar, mas sempre com muito respeito.

Que os pensamentos não escapem!

Que tal anotar algumas ideias deste capítulo para poder lembrar depois e compartilhar com os amigos?

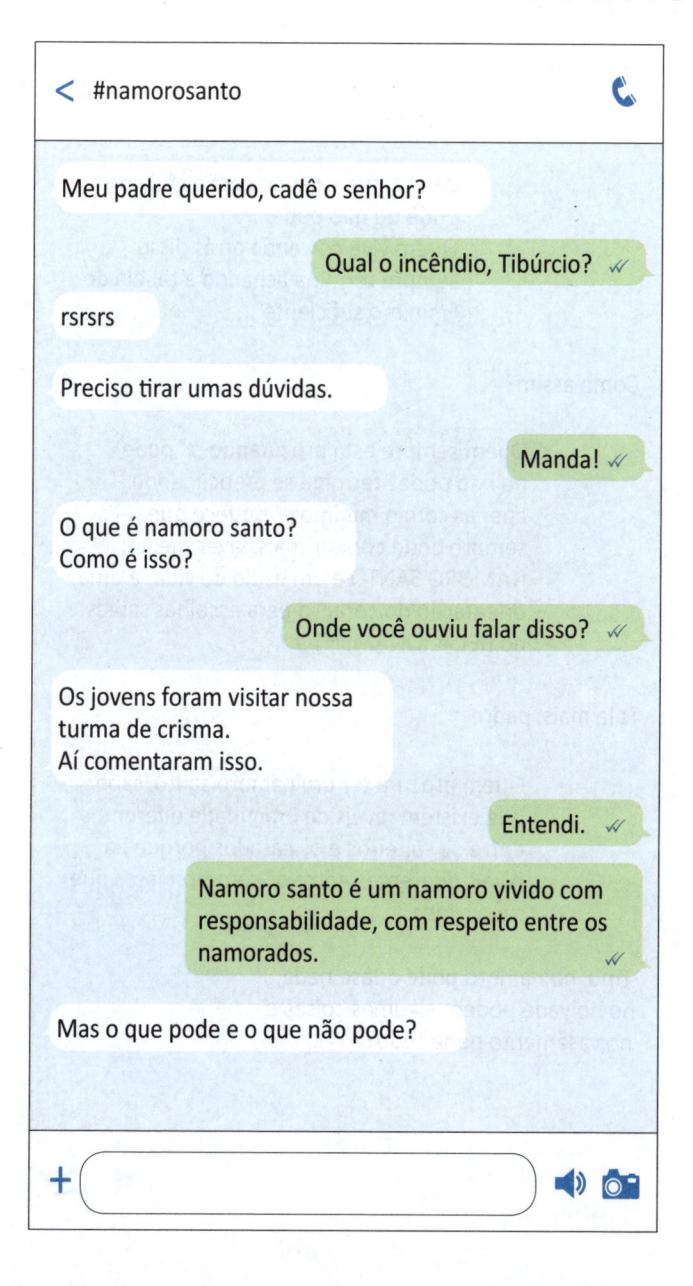

< #namorosanto ☎

Meu padre querido, cadê o senhor?

Qual o incêndio, Tibúrcio? ✓✓

rsrsrs

Preciso tirar umas dúvidas.

Manda! ✓✓

O que é namoro santo?
Como é isso?

Onde você ouviu falar disso? ✓✓

Os jovens foram visitar nossa
turma de crisma.
Aí comentaram isso.

Entendi. ✓✓

Namoro santo é um namoro vivido com
responsabilidade, com respeito entre os
namorados. ✓✓

Mas o que pode e o que não pode?

> Bem, toma cuidado com a ideia do pode ou não pode...
> Quem vive correndo atrás disso sempre termina achando a tabela do "mínimo suficiente"...

Como assim?

> Quem sempre está procurando o "pode ou não pode" termina se preocupando apenas com o mínimo e esquece que sempre pode crescer mais, viver melhor. NAMORO SANTO é um estilo de vida, é uma orientação do coração para escolhas sadias no RELACIONAMENTO.

Fale mais, padre.

> Quem procura ter um namoro santo, sabe que existem níveis de intimidade diferentes entre os solteiros e os casados porque há níveis diferentes entre os compromissos que são vividos.

Tipo, no namoro pode quase nada, no noivado podem algumas coisas e no casamento pode tudo?

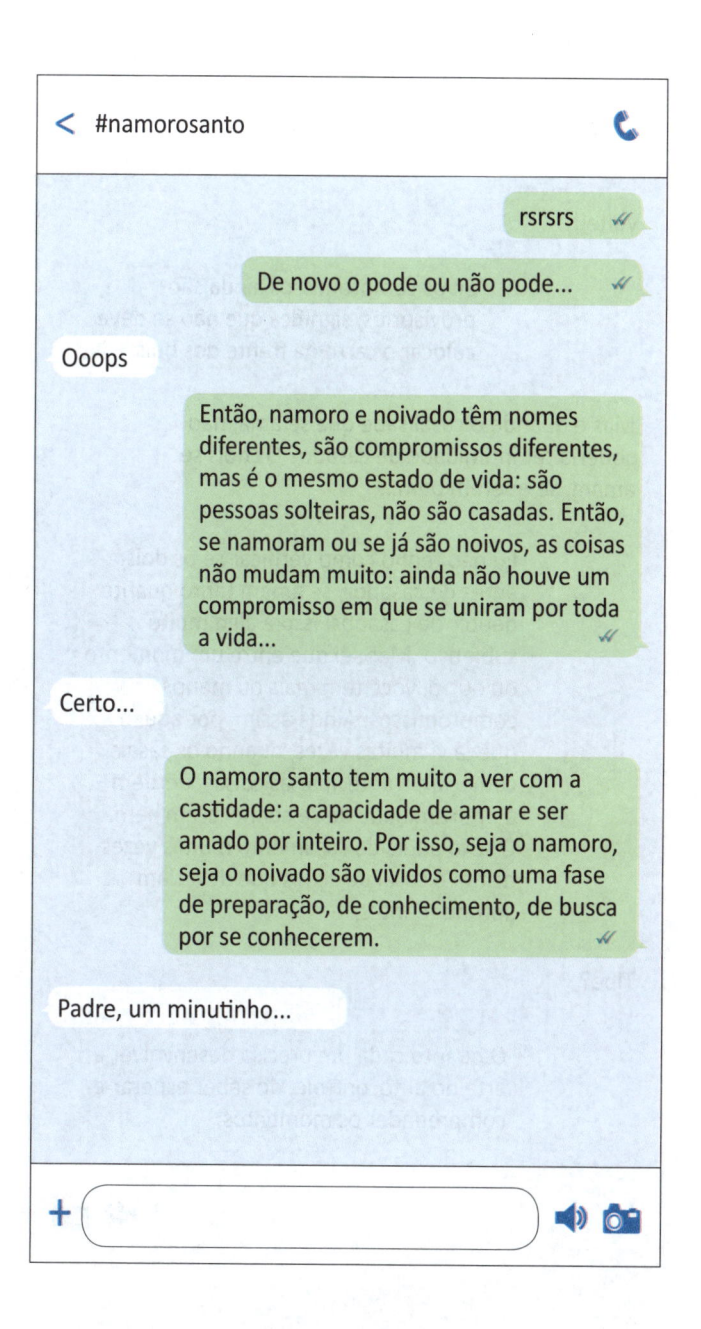

< #namorosanto 📞

rsrsrs

De novo o pode ou não pode...

Ooops

Então, namoro e noivado têm nomes diferentes, são compromissos diferentes, mas é o mesmo estado de vida: são pessoas solteiras, não são casadas. Então, se namoram ou se já são noivos, as coisas não mudam muito: ainda não houve um compromisso em que se uniram por toda a vida...

Certo...

O namoro santo tem muito a ver com a castidade: a capacidade de amar e ser amado por inteiro. Por isso, seja o namoro, seja o noivado são vividos como uma fase de preparação, de conhecimento, de busca por se conhecerem.

Padre, um minutinho...

+ 🔊 📷

Voltei!

Se os compromissos ainda são provisórios, significa que não se deve colocar o carro na frente dos bois.

Mas e quando o casal sabe que se ama, não poderia ter intimidade de casado? Os dois se amam, se querem bem...

Eu não tenho como verificar se os dois, antes de casados, se amam tanto quanto depois de casados, isso é algo muito subjetivo. Mas sei que entre um momento ou outro, você tem mais ou menos compromissos. Ainda assim, por aquilo que já vi muitas vezes, quando os casais começam a antecipar as coisas, perdem a oportunidade de se conhecerem bem. O sexo antes do casamento muitas vezes distrai o casal de lições que deveriam aprender antes.

Tipo?

O quanto cada um precisa desenvolver a arte do autocontrole, do saber esperar e compreender os momentos.

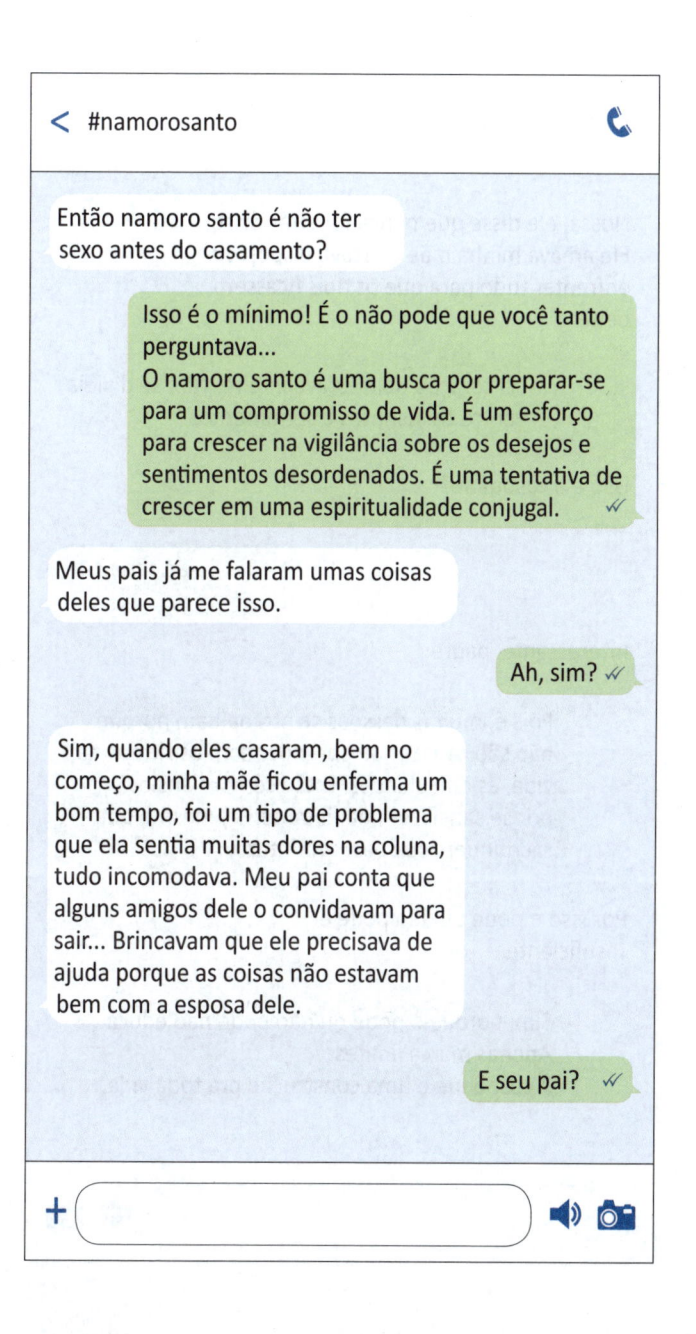

#namorosanto

Então namoro santo é não ter sexo antes do casamento?

Isso é o mínimo! É o não pode que você tanto perguntava...
O namoro santo é uma busca por preparar-se para um compromisso de vida. É um esforço para crescer na vigilância sobre os desejos e sentimentos desordenados. É uma tentativa de crescer em uma espiritualidade conjugal.

Meus pais já me falaram umas coisas deles que parece isso.

Ah, sim?

Sim, quando eles casaram, bem no começo, minha mãe ficou enferma um bom tempo, foi um tipo de problema que ela sentia muitas dores na coluna, tudo incomodava. Meu pai conta que alguns amigos dele o convidavam para sair... Brincavam que ele precisava de ajuda porque as coisas não estavam bem com a esposa dele.

E seu pai?

Nossa, ele disse que nunca foi atrás disso. Ele amava minha mãe e estava disposto a enfrentar tudo para que os dois ficassem bem.

O coração dele estava inteiro. Não se dividia entre os instintos e sentimentos.

Isso é a castidade?

E não seria?

Interessante, padre.

Pois é, muitas pessoas se atrapalham porque não são capazes de aprender com os ritmos da vida, as dificuldades. Estão sempre ansiosas por se satisfazer imediatamente, mesmo que sacrifiquem sua paz, seu futuro.

Por isso o pode ou não pode é insuficiente.

Sim, porque o pode ou não pode não educa. Apenas marca limites.
A castidade é uma construção pra toda vida.

< #namorosanto

Vlw, padre! Gostei das explicações.

Que bom, comece a olhar para outras coisas da vida e verificar se você está sempre preocupado com o mínimo suficiente ou com a busca do melhor.

Boa sorte!

Que os pensamentos não escapem!

Que tal anotar algumas ideias deste capítulo para poder lembrar depois e compartilhar com os amigos?

_____

_____

_____

_____

_____

_____

_____

_____

_____

_____

_____

_____

_____

_____

_____

_____

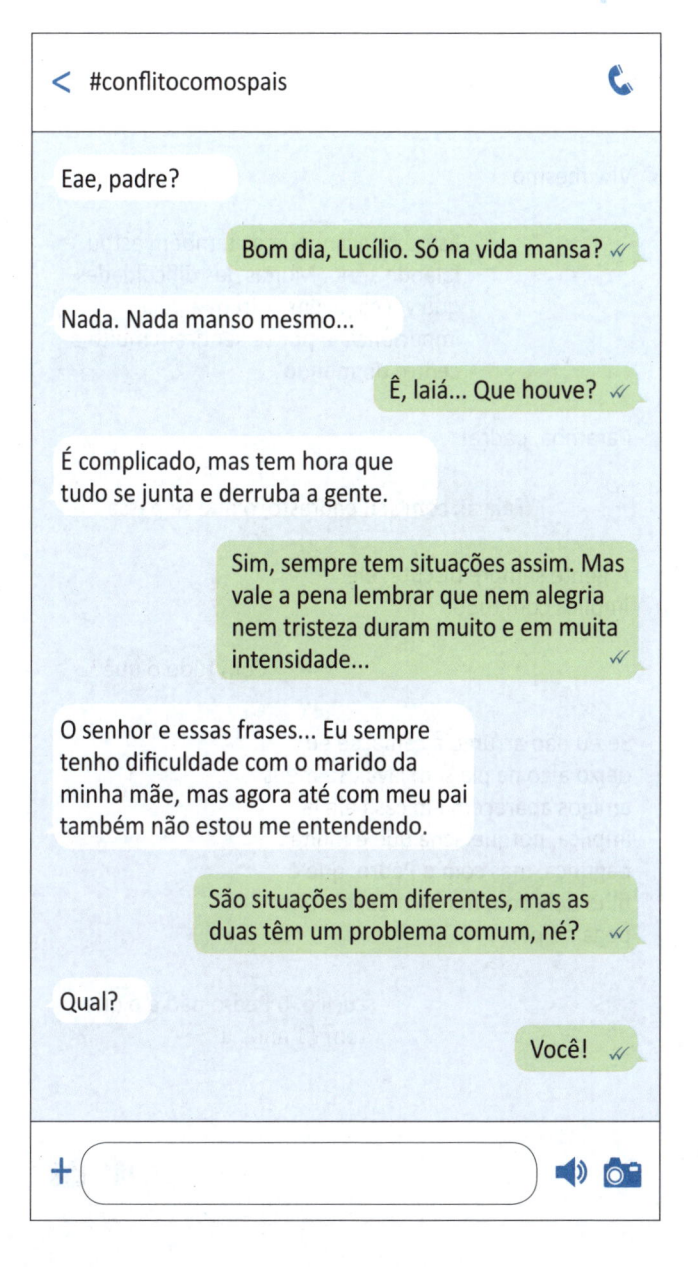

< #conflitocomospais 📞

Eae, padre?

Bom dia, Lucílio. Só na vida mansa? ✓✓

Nada. Nada manso mesmo...

Ê, laiá... Que houve? ✓✓

É complicado, mas tem hora que tudo se junta e derruba a gente.

Sim, sempre tem situações assim. Mas vale a pena lembrar que nem alegria nem tristeza duram muito e em muita intensidade... ✓✓

O senhor e essas frases... Eu sempre tenho dificuldade com o marido da minha mãe, mas agora até com meu pai também não estou me entendendo.

São situações bem diferentes, mas as duas têm um problema comum, né? ✓✓

Qual?

Você! ✓✓

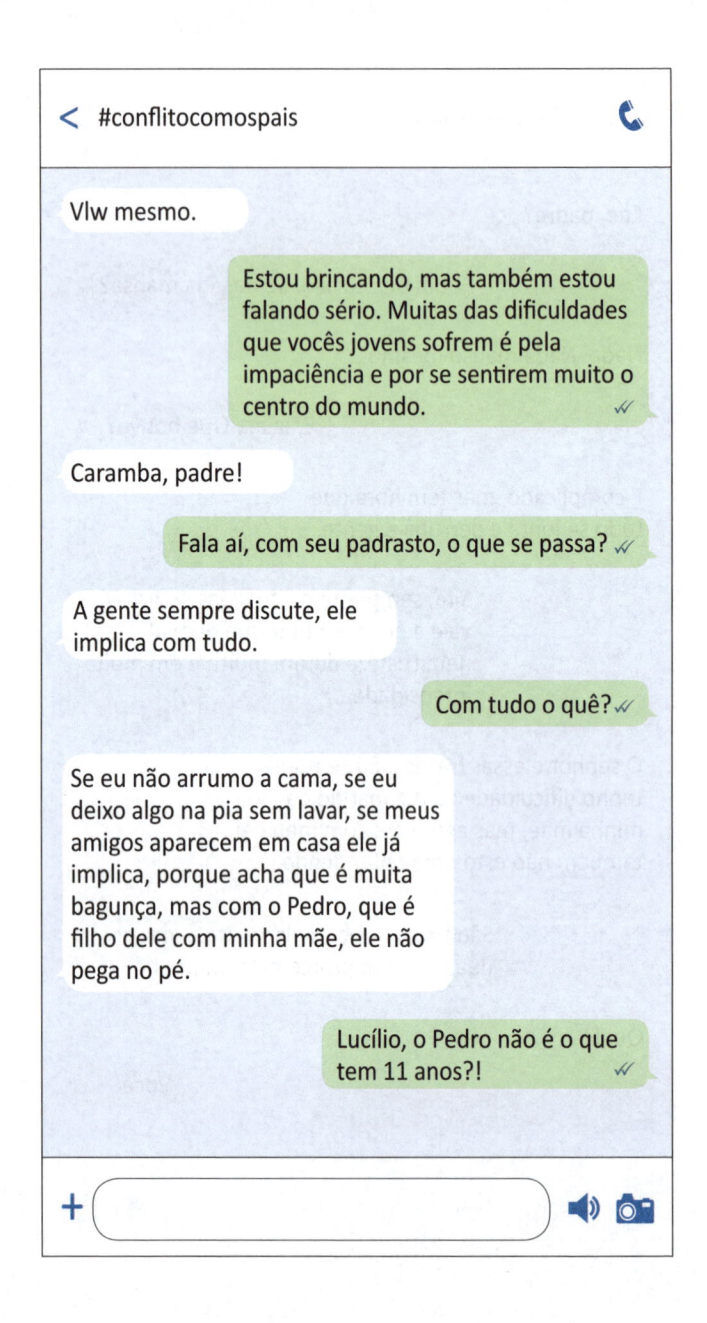

< #conflitocomospais 📞

> Vlw mesmo.

Estou brincando, mas também estou falando sério. Muitas das dificuldades que vocês jovens sofrem é pela impaciência e por se sentirem muito o centro do mundo.

> Caramba, padre!

Fala aí, com seu padrasto, o que se passa?

> A gente sempre discute, ele implica com tudo.

Com tudo o quê?

> Se eu não arrumo a cama, se eu deixo algo na pia sem lavar, se meus amigos aparecem em casa ele já implica, porque acha que é muita bagunça, mas com o Pedro, que é filho dele com minha mãe, ele não pega no pé.

Lucílio, o Pedro não é o que tem 11 anos?!

\+

🔊 📷

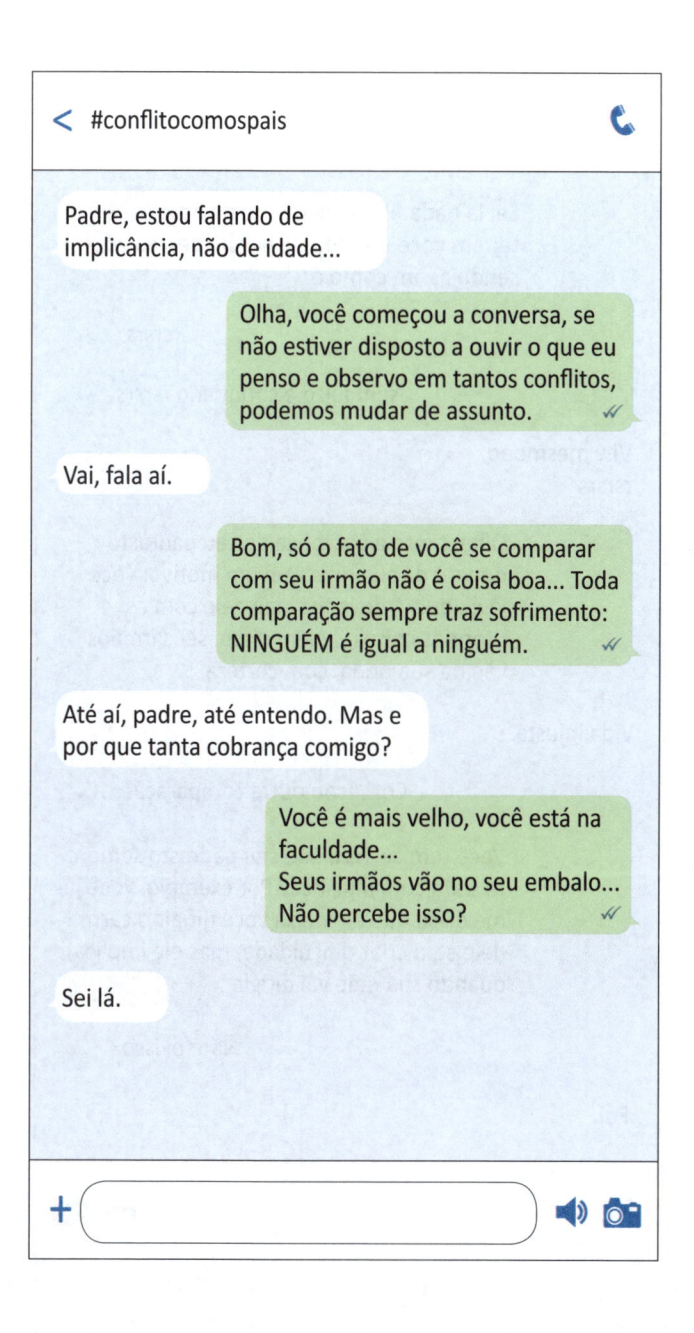

< #conflitocomospais

Padre, estou falando de implicância, não de idade...

Olha, você começou a conversa, se não estiver disposto a ouvir o que eu penso e observo em tantos conflitos, podemos mudar de assunto.

Vai, fala aí.

Bom, só o fato de você se comparar com seu irmão não é coisa boa... Toda comparação sempre traz sofrimento: NINGUÉM é igual a ninguém.

Até aí, padre, até entendo. Mas e por que tanta cobrança comigo?

Você é mais velho, você está na faculdade...
Seus irmãos vão no seu embalo...
Não percebe isso?

Sei lá.

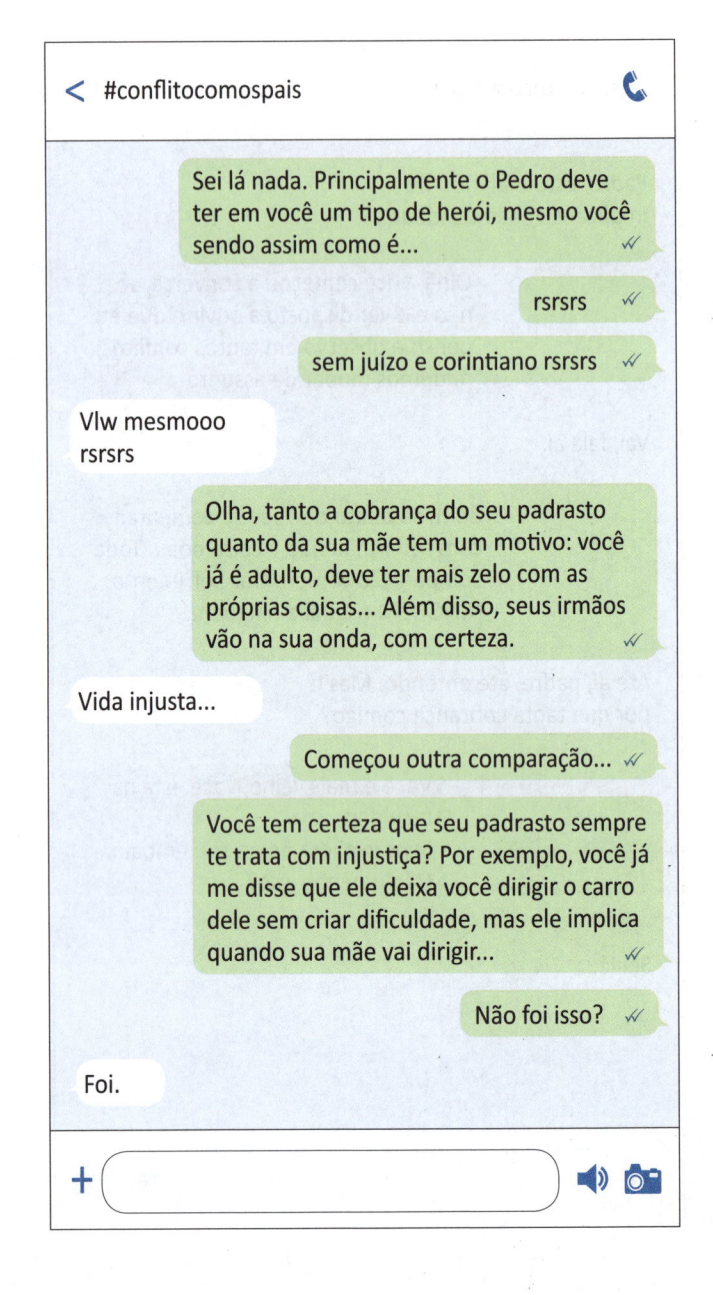

#conflitocomospais

> Sei lá nada. Principalmente o Pedro deve ter em você um tipo de herói, mesmo você sendo assim como é...

> rsrsrs

> sem juízo e corintiano rsrsrs

Vlw mesmooo
rsrsrs

> Olha, tanto a cobrança do seu padrasto quanto da sua mãe tem um motivo: você já é adulto, deve ter mais zelo com as próprias coisas... Além disso, seus irmãos vão na sua onda, com certeza.

Vida injusta...

> Começou outra comparação...

> Você tem certeza que seu padrasto sempre te trata com injustiça? Por exemplo, você já me disse que ele deixa você dirigir o carro dele sem criar dificuldade, mas ele implica quando sua mãe vai dirigir...

> Não foi isso?

Foi.

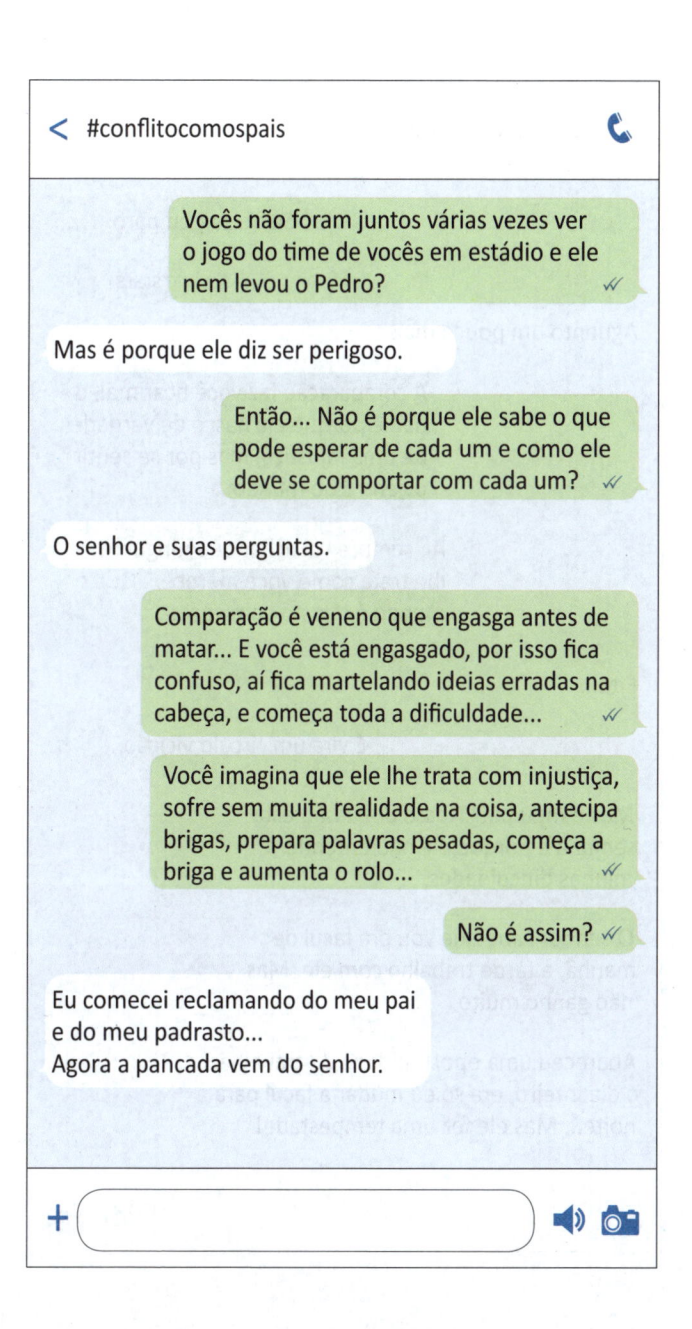

#conflitocomospais

> Vocês não foram juntos várias vezes ver o jogo do time de vocês em estádio e ele nem levou o Pedro?

Mas é porque ele diz ser perigoso.

> Então... Não é porque ele sabe o que pode esperar de cada um e como ele deve se comportar com cada um?

O senhor e suas perguntas.

> Comparação é veneno que engasga antes de matar... E você está engasgado, por isso fica confuso, aí fica martelando ideias erradas na cabeça, e começa toda a dificuldade...

> Você imagina que ele lhe trata com injustiça, sofre sem muita realidade na coisa, antecipa brigas, prepara palavras pesadas, começa a briga e aumenta o rolo...

> Não é assim?

Eu comecei reclamando do meu pai e do meu padrasto...
Agora a pancada vem do senhor.

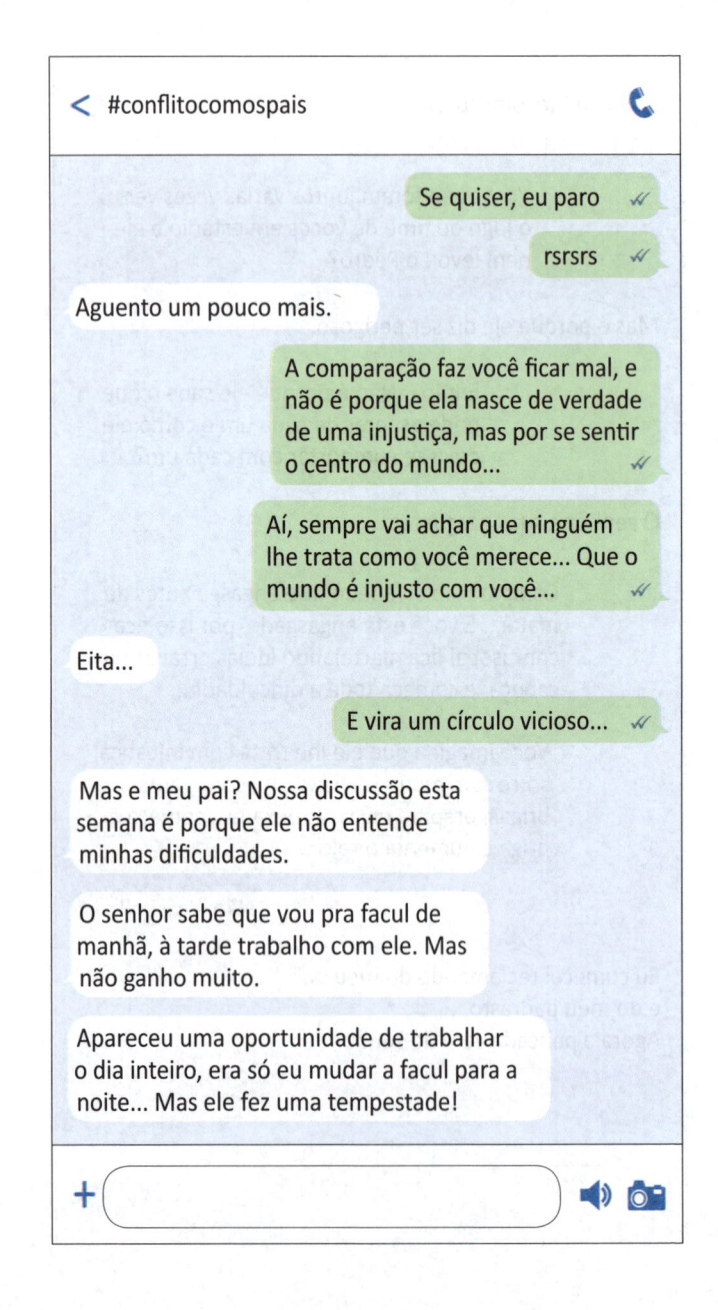

#conflitocomospais

Se quiser, eu paro

rsrsrs

Aguento um pouco mais.

A comparação faz você ficar mal, e não é porque ela nasce de verdade de uma injustiça, mas por se sentir o centro do mundo...

Aí, sempre vai achar que ninguém lhe trata como você merece... Que o mundo é injusto com você...

Eita...

E vira um círculo vicioso...

Mas e meu pai? Nossa discussão esta semana é porque ele não entende minhas dificuldades.

O senhor sabe que vou pra facul de manhã, à tarde trabalho com ele. Mas não ganho muito.

Apareceu uma oportunidade de trabalhar o dia inteiro, era só eu mudar a facul para a noite... Mas ele fez uma tempestade!

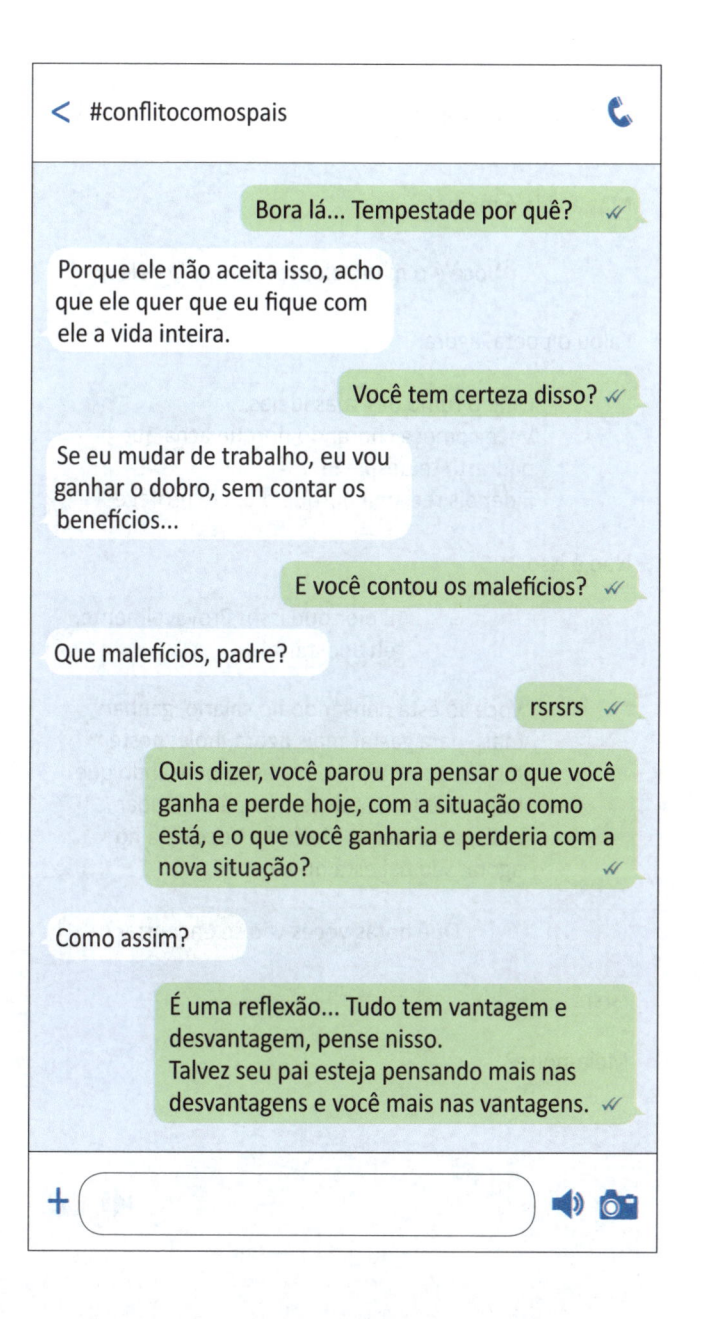

< #conflitocomospais 📞

Bora lá... Tempestade por quê? ✓

Porque ele não aceita isso, acho que ele quer que eu fique com ele a vida inteira.

Você tem certeza disso? ✓

Se eu mudar de trabalho, eu vou ganhar o dobro, sem contar os benefícios...

E você contou os malefícios? ✓

Que malefícios, padre?

rsrsrs ✓

Quis dizer, você parou pra pensar o que você ganha e perde hoje, com a situação como está, e o que você ganharia e perderia com a nova situação? ✓

Como assim?

É uma reflexão... Tudo tem vantagem e desvantagem, pense nisso.
Talvez seu pai esteja pensando mais nas desvantagens e você mais nas vantagens. ✓

+ ⬤ 🔊 📷

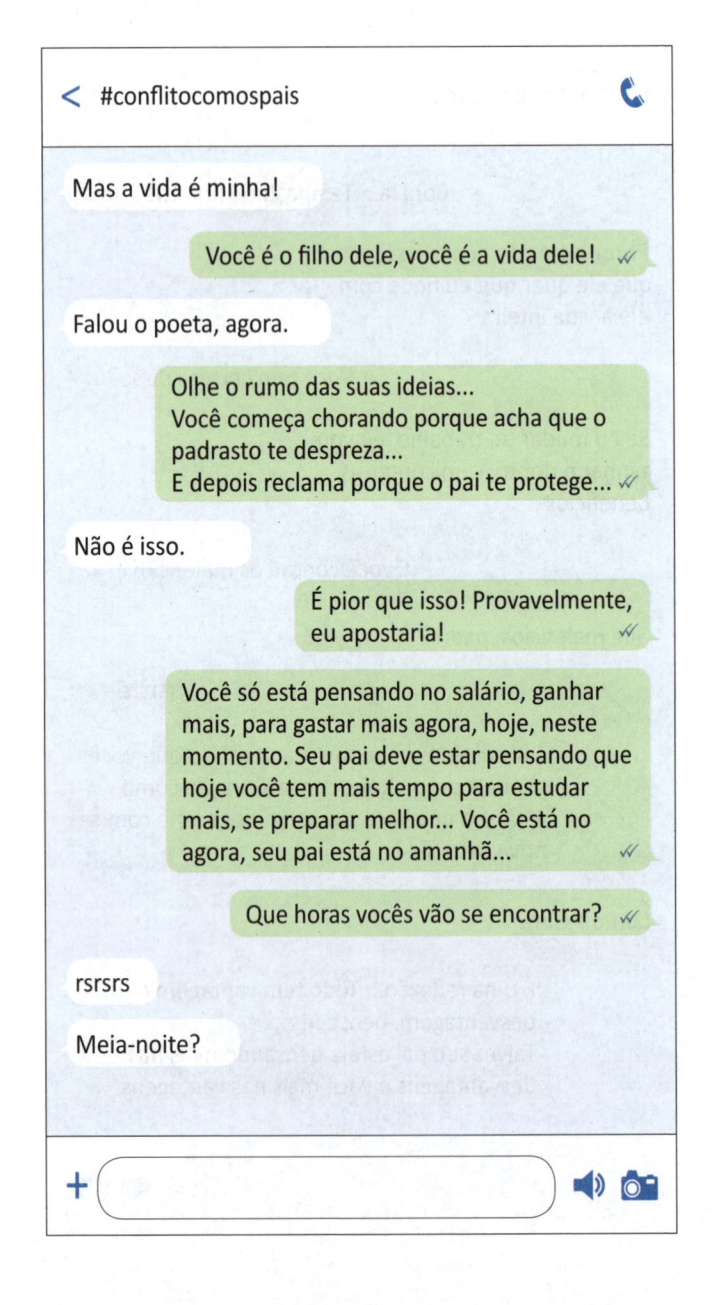

#conflitocomospais

Mas a vida é minha!

Você é o filho dele, você é a vida dele!

Falou o poeta, agora.

Olhe o rumo das suas ideias...
Você começa chorando porque acha que o padrasto te despreza...
E depois reclama porque o pai te protege...

Não é isso.

É pior que isso! Provavelmente, eu apostaria!

Você só está pensando no salário, ganhar mais, para gastar mais agora, hoje, neste momento. Seu pai deve estar pensando que hoje você tem mais tempo para estudar mais, se preparar melhor... Você está no agora, seu pai está no amanhã...

Que horas vocês vão se encontrar?

rsrsrs

Meia-noite?

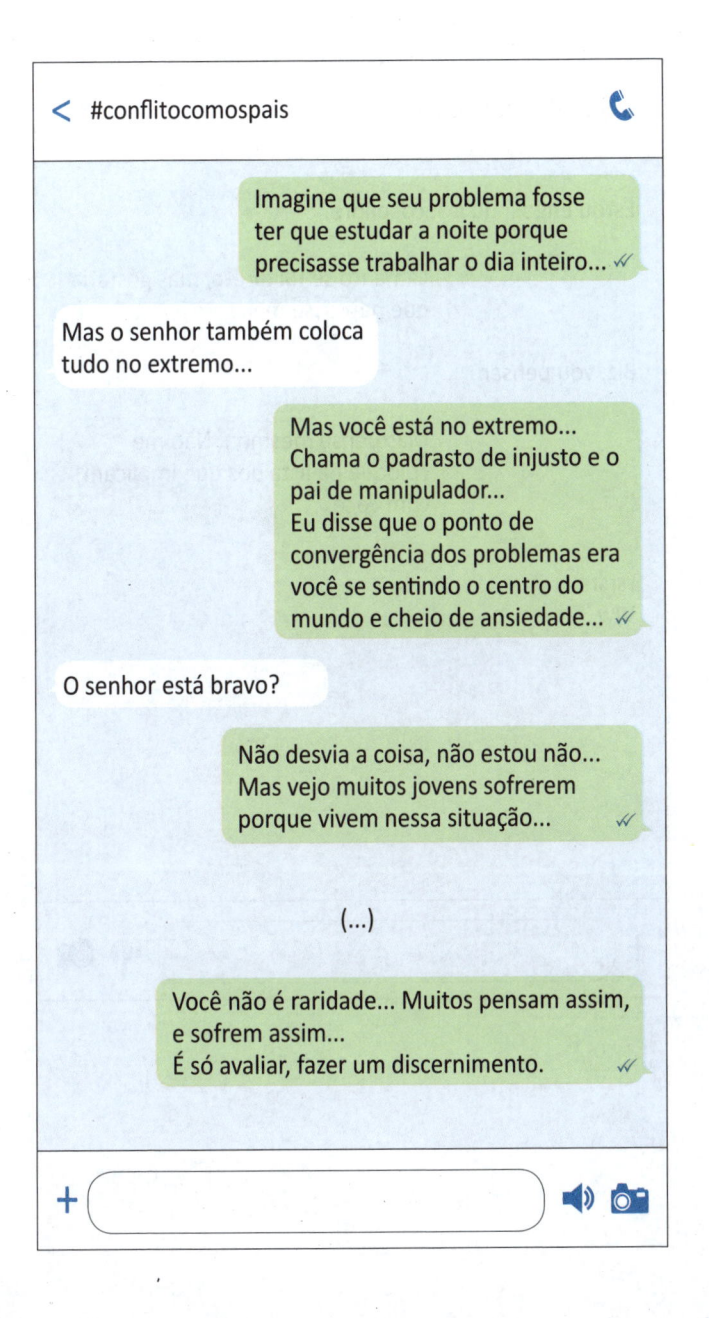

< #conflitocomospais

> Imagine que seu problema fosse ter que estudar a noite porque precisasse trabalhar o dia inteiro...

Mas o senhor também coloca tudo no extremo...

> Mas você está no extremo...
> Chama o padrasto de injusto e o pai de manipulador...
> Eu disse que o ponto de convergência dos problemas era você se sentindo o centro do mundo e cheio de ansiedade...

O senhor está bravo?

> Não desvia a coisa, não estou não...
> Mas vejo muitos jovens sofrerem porque vivem nessa situação...

(...)

> Você não é raridade... Muitos pensam assim, e sofrem assim...
> É só avaliar, fazer um discernimento.

#conflitocomospais

Estou engolindo a seco, padre.

Lamento se fui direto, mas gostaria que pensasse mais.

Blz, vou pensar.

Mas pense mesmo... Não me coloque na lista dos que implicam com você...

rsrsrs
Vlw

Que os pensamentos não escapem!

Que tal anotar algumas ideias deste capítulo para poder lembrar depois e compartilhar com os amigos?

_____

_____

_____

_____

_____

_____

_____

_____

_____

_____

_____

_____

_____

_____

_____

Ide em paz e o Senhor vos acompanhe!

Não é final de missa, mas desejo a todos vocês que se sintam acompanhados pelo Senhor em todas as situações da vida.

Que nas alegrias possam sentir a companhia do Senhor: é um dom, tudo de bom que nos acontece é um dom! Devemos ser gratos a ele!

Que nas dificuldades e tristezas possam sentir a companhia do Senhor: é um momento de cruz, mas a cruz também é um dom. Somente nela podemos conhecer a profundidade de nossa fé.

Mas gostaria de acrescentar outra coisa: cuidem das suas amizades, cultivem boas companhias, estejam do lado de pessoas que lhes inspirem o melhor!

Que o coração de vocês repouse no Senhor! Assim, vocês encontrarão paz. Muita paz para vocês e para todos ao seu redor.

Força na caminhada, contem comigo!

Apêndice

Trechos do *Catecismo da Igreja Católica* citados ao longo deste livro, em ordem crescente.[1]

1731. A liberdade é o poder, radicado na razão e na vontade, de agir ou não agir, de fazer isto ou aquilo, praticando assim, por si mesmo, ações deliberadas. Pelo livre-arbítrio, cada qual dispõe de si. A liberdade é, no homem, uma força de crescimento e de maturação na verdade e na bondade. E atinge a sua perfeição quando está ordenada para Deus, nossa bem-aventurança.

1732. Enquanto se não fixa definitivamente no seu bem último, que é Deus, a liberdade implica a possibilidade de *escolher entre o bem e o mal*, e, portanto, de crescer na perfeição ou de falhar e pecar. É ela que caracteriza os atos propriamente humanos. Torna-se fonte de louvor ou de censura, de mérito ou de demérito.

1856. O pecado mortal, atacando em nós o princípio vital que é a caridade, torna necessária uma nova inicia-

---

[1] Fonte:<http://www.vatican.va/archive/cathechism_po/index_new/prima-pagina-cic_po.html>. Pesquisado em: 19/12/17. O texto está em português de Portugal, por isso, há algumas diferenças em relação ao nosso modo de falar.

tiva da misericórdia de Deus e uma conversão do coração que normalmente se realiza no quadro do sacramento da Reconciliação: "Quando [...] a vontade se deixa atrair por uma coisa de si contrária à caridade, pela qual somos ordenados para o nosso fim último, o pecado, pelo seu próprio objeto, deve considerar-se mortal [...], quer seja contra o amor de Deus (como a blasfêmia, o perjúrio etc.), quer contra o amor do próximo (como o homicídio, o adultério etc.) [...] Em contrapartida, quando a vontade do pecador por vezes se deixa levar para uma coisa que em si é desordenada, não sendo, todavia, contrária ao amor de Deus e do próximo (como uma palavra ociosa, um risco supérfluo etc.), tais pecados são veniais" (95).

1857. Para que um *pecado* seja *mortal*, requerem-se, em simultâneo, três condições: "É pecado mortal o que tem por objeto uma matéria grave, e é cometido com plena consciência e de propósito deliberado" (96).

1858. *A matéria grave é* precisada pelos dez Mandamentos, segundo a resposta que Jesus deu ao jovem rico: "Não mates, não cometas adultério, não furtes, não levantes falsos testemunhos, não cometas fraudes, honra pai e mãe" (Mc 10,18). A gravidade dos pecados é maior ou menor: um homicídio é mais grave que um roubo. A qualidade das pessoas lesadas também entra em linha de conta: a violência cometida contra pessoas de família é, por sua natureza, mais grave que a exercida contra estranhos.

1859. Para que o pecado seja mortal tem de ser cometido com *plena consciência e total consentimento*. Pressupõe o conhecimento do caráter pecaminoso do ato, da sua oposição à Lei de Deus. E implica também um consentimento suficientemente deliberado para ser uma opção pessoal. A ignorância simulada e o endurecimento do coração (97) não diminuem, antes aumentam, o caráter voluntário do pecado.

1860. A *ignorância involuntária* pode diminuir, ou mesmo desculpar, a imputabilidade de uma falta grave. Mas parte-se do princípio de que ninguém ignora os princípios da lei moral, inscritos na consciência de todo homem. Os impulsos da sensibilidade e as paixões podem também diminuir o caráter voluntário e livre da falta. O mesmo se diga de pressões externas e de perturbações patológicas. O pecado cometido por malícia, por escolha deliberada do mal, é o mais grave.

1861. O pecado mortal é uma possibilidade radical da liberdade humana, tal como o próprio amor. Tem como consequência a perda da caridade e a privação da graça santificante, ou seja, do estado de graça. E se não for resgatado pelo arrependimento e pelo perdão de Deus, originará a exclusão do Reino de Cristo e a morte eterna no Inferno, uma vez que a nossa liberdade tem capacidade para fazer escolhas definitivas, irreversíveis. No entanto, embora nos seja possível julgar se um ato é, em si, uma falta grave, devemos confiar o juízo sobre as pessoas à justiça e à misericórdia de Deus.

1865. O pecado arrasta ao pecado; gera o vício, pela repetição dos mesmos atos. Daí resultam as inclinações perversas, que obscurecem a consciência e corrompem a apreciação concreta do bem e do mal. Assim, o pecado tende a reproduzir-se e reforçar-se, embora não possa destruir radicalmente o sentido moral.

1866. Os vícios podem classificar-se segundo as virtudes a que se opõem, ou relacionando-os com os *pecados capitais* que a experiência cristã distinguiu, na sequência de São João Cassiano (102) e São Gregório Magno (103). Chamam-se capitais, porque são geradores de outros pecados e de outros vícios. São eles: a soberba, a avareza, a inveja, a ira, a luxúria, a gula e a preguiça ou negligência (acédia).

2338. A pessoa casta mantém a integridade das forças de vida e de amor em si depositadas. Esta integridade garante a unidade da pessoa e opõe-se a qualquer comportamento susceptível de a ofender. Não tolera nem a duplicidade da vida, nem a da linguagem (88).

2339. A castidade implica uma *aprendizagem do domínio de si*, que é uma pedagogia da liberdade humana. A alternativa é clara: ou o homem comanda as suas paixões e alcança a paz, ou se deixa dominar por elas e torna-se infeliz (89). "A dignidade do homem exige que ele proceda segundo uma opção consciente e livre, isto é, movido e determinado por uma convicção pessoal e não sob a pressão de um cego impulso interior ou da mera coação externa. O homem atinge esta dignidade quando, libertando-se de toda a escravidão das paixões, prossegue o seu fim na livre escolha do bem e se procura de modo eficaz e com diligente iniciativa os meios adequados" (90).

2340. Aquele que quiser permanecer fiel às promessas do seu Batismo e resistir às tentações, terá o cuidado de procurar os *meios*: o conhecimento de si, a prática de uma ascese adaptada às situações em que se encontra, a obediência aos mandamentos divinos, a prática das virtudes morais e a fidelidade à oração. "A continência, na verdade, recolhe-nos e reconduz-nos àquela unidade que tínhamos perdido, dispersando-nos na multiplicidade" (91).

2341. A virtude da castidade gira na órbita da virtude cardial da *temperança*, a qual visa impregnar de razão as paixões e os apetites da sensibilidade humana.

2342. O domínio de si é uma *obra de grande fôlego*. Nunca poderá considerar-se total e definitivamente adquirido. Implica um esforço constantemente retomado, em todas as idades da vida (92); mas o esforço requerido pode ser mais intenso em certas épocas, como quando se forma a personalidade, durante a infância e a adolescência.

2343. A castidade conhece *leis de crescimento* e passa por fases marcadas pela imperfeição, muitas vezes até pelo pecado. O homem virtuoso e casto "constrói-se dia a dia com as suas numerosas decisões livres. Por isso, conhece, ama e cumpre o bem moral segundo fases de crescimento"(93).

2344. A castidade representa uma tarefa eminentemente pessoal; implica também um *esforço cultural,* porque existe "interdependência entre o desenvolvimento da pessoa e o da própria sociedade" (94). A castidade pressupõe o respeito pelos direitos da pessoa, particularmente o de receber uma informação e educação que respeitem as dimensões morais e espirituais da vida humana.

2345. A castidade é uma virtude moral. Mas é também um dom de Deus, uma *graça,* um fruto do trabalho espiritual (95). O Espírito Santo concede a graça de imitar a pureza de Cristo (96) àquele que regenerou pela água do Batismo.

2352. Por *masturbação* entende-se a excitação voluntária dos órgãos genitais, para daí retirar um prazer venéreo. "Na linha duma tradição constante, tanto o Magistério da Igreja como o sentido moral dos fiéis têm afirmado sem hesitação que a masturbação é um ato intrínseca e gravemente desordenado." "Seja qual for o motivo, o uso deliberado da faculdade sexual fora das normais relações conjugais contradiz a finalidade da mesma." O prazer sexual é ali procurado fora da "relação sexual requerida pela ordem moral, que é aquela que realiza, no contexto dum amor verdadeiro, o sentido integral da doação mútua e da procriação humana" (101).

Para formar um juízo justo sobre a responsabilidade moral dos sujeitos, e para orientar a ação pastoral, deverá ter-se em conta a imaturidade afetiva, a força de hábitos contraídos, o estado de angústia e outros factores psíquicos ou sociais que podem atenuar, ou até reduzir ao mínimo, a culpabilidade moral.

2354. A *pornografia* consiste em retirar os atos sexuais, reais ou simulados, da intimidade dos parceiros, para os exibir a terceiras pessoas, de modo deliberado. Ofende a castidade, porque desnatura o ato conjugal, doação íntima dos esposos um ao outro. É um grave atentado contra a dignidade das pessoas intervenientes (atores, comerciantes, público), uma vez que cada um se torna para o outro objeto de um prazer vulgar e de um lucro ilícito. E faz mergulhar uns e outros na ilusão de um mundo fictício. É pecado grave. As autoridades civis devem impedir a produção e a distribuição de material pornográfico.

2358. Um número considerável de homens e de mulheres apresenta tendências homossexuais profundamente radicadas. Esta propensão, objetivamente desordenada, constitui, para a maior parte deles, uma provação. Devem ser acolhidos com respeito, compaixão e delicadeza. Evitar-se-á, em relação a eles, qualquer sinal de discriminação injusta. Estas pessoas são chamadas a realizar na sua vida a vontade de Deus e, se forem cristãs, a unir ao sacrifício da cruz do Senhor as dificuldades que podem encontrar devido à sua condição.

Sumário

Apresentação 7

Juventude, um mundo à parte 9

Pecado grave 11

Discernimento 21

Pornografia 27

Masturbação 37

Castidade 45

Pecado e ocasiões de pecado 49

Pecados capitais 59

Liberdade ou livre-arbítrio 85

Ideologia de gênero 93

Namoro santo 105

Conflito com os pais 113

Ide em paz e o Senhor vos acompanhe! 125

Apêndice 127

Rua Dona Inácia Uchoa, 62
04110-020 – São Paulo – SP (Brasil)
Tel.: (11) 2125-3500
http://www.paulinas.com.br – editora@paulinas.com.br
Telemarketing e SAC: 0800-7010081